Günther Ruffert

Geschichten aus Thailand

HELLER VERLAG

CIP-Einheitsaufnahme / Deutsche Bibliothek:
Ruffert, Günther
Geschichten aus Thailand / Günther Ruffert.- Orig.-Ausg., 1.Aufl. -
Taufkirchen bei München: Heller, 1996

Lektorat: Walter Joseph

Satzbelichtung: Satzwerkstatt GmbH, 81667 München
Lithos: Repro Kuschel, 81539 München
Druck und Bindung: Ebner Ulm
Gedruckt auf umweltfreundlichem Recycling-Papier.

Originalausgabe

1.Auflage 1996

Tel.: BRD 089-612 2829 (ISDN) Fax: BRD 089-612 6869 (ISDN)

Auslieferung für Österreich:
HILLSTEIN VERLAGSAUSLIEFERUNG, Rochusgasse 9, A-5017 Salzburg
Tel.: A 0662-82 77 00 Fax: A 0662-82 77 00-82

Auslieferung für die Schweiz:
PEGASUS VERLAGSAUSLIEFERUNG, Dorfgasse 17, CH-6030 Ebikon
Tel.: CH 041-440 88 46 Fax: CH 041-440 88 44

ISBN 3-929403-06-4 Printed in Germany

Inhalt

Sanuk in Thailand

Sanuk ist eines der wichtigsten Worte in der Thai - Sprache. Wörtlich übersetzt bedeutet es Spaß oder Freude. Tatsächlich bezeichnet dieses Wort aber mehr, es steht für Freude am Leben, die typische Fähigkeit der Thais, auch aus ärmlichen oder widrigen Lebensverhältnissen noch ein Optimum an Lebensfreude herauszuzaubern. Dazu gehört selbstverständlich ein entsprechendes Maß an Pragmatismus und auch an Schlitzohrigkeit, vor allem aber eine entsprechende Gemütsverfassung, die man vielleicht am besten mit dem schönen deutschen Begriff "fröhliches Herz" bezeichnet. Es ist letztlich nichts anderes, als die angeborene oder vielleicht auch erlernte Fähigkeit, dieses Leben nicht zu ernst zu nehmen und wenn denn schon alle Dinge mindestens zwei Seiten haben, sich lieber die gute als die schlechte Seite anzusehen.

Viele Reiseführer heben die fröhliche Natur der Thais bei jeder Gelegenheit hervor. Das typische Lächeln das man von den meisten Thais bekommt, wenn man sie ansieht, ist nur ein äußerliches Zeichen. Dennoch ist es für uns Deutsche mit unserem angeborenen Sinn für Arbeit, Ordnung und Sauberkeit, nicht einfach, diese Menschen zu verstehen und vielleicht sogar etwas von der leichten Art, mit diesem Leben fertig zu werden, von ihnen zu lernen.

Wer sich aber bemüht, tatsächlich etwas näher mit diesem Land und vor allem mit seinen Bewohnern in Kontakt zu kommen, oder wer gar für längere Zeit dort lebt, der wird mit Sicherheit das erleben, was man gemeinhin als Kulturschock bezeichnet. In Thailand ist nicht nur alles ganz anders - vor allem das Denken und Benehmen der Menschen - sondern man kann auch Jahre dort leben und trifft doch immer wieder auf etwas Neues, ein Tabu oder eine für uns zunächst unverständliche Sitte. Das Land und die Leute erschließen sich einem *Farang*, wie die Thais alle westlichen Ausländer nennen, nur langsam. Es ist wie ein Puzzlespiel, bei dem immer ein neues Stückchen dazukommt und sich erst langsam ein verständliches Bild formt. Dabei muß man sich hüten, zu rational an die Sache heranzugehen. Thais entscheiden viel mehr als wir „aus dem Bauch heraus". Wenn man ihre Welt verstehen will, muß man - jedenfalls bis zu einem gewissen Grad - darauf verzichten, alles nur verstandesmäßig nach unseren westlichen Wertmaßstäben zu beurteilen.

Thailand ist heute ein Land im Widerstreit zwischen Tradition und Moderne. Auf der einen Seite sind selbst die einfachsten Dinge des Alltagslebens geregelt durch eine Reihe von Verhaltensnormen und Tabus, die jeder Thai beherrscht und deren Sinn oder Notwendigkeit zwar kaum jemand erklären kann, die aber trotzdem niemand in Frage stellt. Auf der anderen Seite ist Bangkok in den letzten Jahren zu einer Metropole des westlichen Kapitalismus geworden, mit allen negativen Aspekten: die krasse Kluft zwischen arm und reich, Kriminalität und rücksichtslose Ausnutzung und Verschwendung der vorhandenen Umweltressourcen.

Der Tourist, der angelockt durch bunte Reiseprospekte mit vergoldeten Pagoden, lächelnden Tempeltänzerinnen und palmengesäumten Sandstränden nach Bangkok kommt, wird von Lärm, Verkehr und Schmutz, vielleicht auch vom grellen Neonlicht des Nachtlebens zunächst befremdet sein. Das ist doch nicht das exotische Traumland das er sich vorgestellt hat! Auch wenn er von seinem Reiseleiter bei einer Pauschalreise in den Norden zu einem Aus-

flug in eines der Meo-Dörfer im sogenannten *Goldenen Dreieck* geschleppt wird, wird er - wenn er etwas genauer hinsieht - bald feststellen, daß es sich hier um eine Art Disney-Land handelt, wo die Eingeborenen von morgens bis abends in ihren Festtagsgewändern herumlaufen und den Touristen industriell gefertigten Kitsch als originale Volkskunst verkaufen.
Bewegt sich der Reisende aber etwas außerhalb der normalen Touristenrouten, z.B. aus dem Moloch Bangkok hinaus aufs Land und nimmt sich ein bißchen mehr Zeit, um näher hinzuschauen und mit Thais in Kontakt zu kommen, dann wird er bald den Zauber spüren, den dieses Land ausübt. Man darf nur nicht den Fehler machen, den ersten Eindruck von diesem Land, den jeder Tourist zunächst in Bangkok bekommt, weil dies in der Regel die erste Anlaufstation aller Reiseveranstalter ist, für das typische Thailand zu halten. Den Unterschied zwischen Bangkok und Thailand hat ein Bekannter von mir, der beruflich seit vielen Jahren in Bangkok lebt, einmal so ausgedrückt „Das einzig Gute an Bangkok ist, daß es so dicht bei Thailand liegt".

Obwohl vor allem durch Fernsehen und Tourismus sehr stark westlichen Einflüssen ausgesetzt, sind die Thais bis heute vermutlich eines der am wenigsten "verwestlichten" asiatischen Völker geblieben. Das mag auf den ersten Blick dem Touristen, der abends durch das Patpong-Viertel in Bangkok oder an den Bars in Pattaya entlang geht und sich dort den Rummel ansieht, anders erscheinen. Er wird diese Meinung aber bald ändern, wenn er mit Thais näher zusammenlebt.

Ich habe die letzten 15 Jahre abwechselnd in Deutschland und in Thailand verbracht, und da ich dort mein Haus - weil es sich aus verschiedenen Gründen so ergab - auf dem Land, mitten unter den Reisbauern gebaut habe, mußte ich auch zumindest genug Siamesisch lernen, um mich einigermaßen verständigen zu können, denn dort wo ich wohne, spricht kein Mensch Englisch. Wenn man monatelang nur unter Thais lebt, wird man zwangsläufig in die Familie integriert. Man gleicht sich dem ganz normalen Rhythmus an, mit dem das Leben auf dem Lande abläuft, und beginnt in manchen - wenn auch nicht in allen - Dingen so zu denken wie die Thais. Vor allem aber verliert man den Bonus, den jeder Thai zunächst dem landesunkundigen Ausländer zugesteht. Man erachtet es als selbstverständlich, daß sich auch der *Farang* den Landessitten und -gebräuchen anpaßt und die herrschenden Tabus beachtet.

Ich habe aber auch immer wieder meine europäischen Bekannten in den Touristenzentren, vor allem in Phuket besucht und das dortige Treiben mit einigem Abstand und der langsam wachsenden Fähigkeit betrachtet, auch etwas davon zu begreifen, was die Thais, die dort arbeiten - und das sind vor allem die Mädchen an den Bars - denken und fühlen.

Kurz, ich habe mich immer bemüht, etwas mehr von diesem, mich schon bei meinem ersten Besuch vor über zwanzig Jahren faszinierenden Lande zu verstehen. Im folgenden möchte ich einiges über meine - natürlich persönlichen und ganz individuellen - Erfahrungen berichten. Wobei ich gleich erklärend sagen muß, daß es sich bei der in meinen Geschichten immer wieder erwähnten ***Amphan*** um meine Thai-Frau handelt, die sich über viele Jahre standhaft geweigert hat, ihre Heimat auch nur für einen einzigen Besuch in Europa zu verlassen, von der ich aber mehr über das wirkliche Thailand gelernt habe, als aus einem Stapel Bücher. Zum Verständnis Thailands, oder besser der Thais, gehören auch ein paar Informationen über die staatlichen Institutionen, die wie Parlament und Polizei zwar die gleichen Bezeichnungen tragen, die aber doch nach ganz anderen Regeln funktionieren als bei uns.

Wenn man von den Thais als Volk spricht, so ist erklärend zu sagen, daß es - wie in jedem Lande - natürlich in den Sitten und Gebräuchen regional, vor allem aber zwischen den ethnischen Thais und den relativ großen Minoritätsgruppen erhebliche Unterschiede gibt.

Thailand ist ungefähr so groß wie Frankreich und hat auch etwa die gleiche Einwohnerzahl. Das Land erstreckt sich jedoch von Nord nach Süd über 1500 km und weist erhebliche klimatische und ethnische Unterschiede auf. Unter den circa 60 Millionen Bewohnern Thailands sind nur etwa 85% ethnische Thais, von denen ein großer Teil im Nordosten des Landes wohnt, sich selbst als *Isarn* bezeichnet und einen laotischen Dialekt spricht. Die größte Minderheit stellen die Chinesen, die praktisch das ganze Geschäftsleben in der Hand haben, von den großen Banken bis zum kleinen Nudelshop an der Straßenecke. Mit dem enormen Fleiß und Organisationstalent der Chinesen können und wollen die Thais nicht mithalten. Sie bevorzugen es, das Leben zu genießen. Eine andere große Minoritätsgruppe sind die moslemischen Malaien im Süden des Landes. Und schließlich sind da noch die an der Nord- und Nordostgrenze lebenden Bergvölker: vier oder fünf Stämme ganz unterschiedlicher Rassen, die irgendwann im letzten Jahrhundert, aus dem im Norden gelegenen China kommend, sich in den Wäldern an der Grenze, in dem Gebiet angesiedelt haben, das allgemein als *Goldenes Dreieck* bezeichnet wird. Sie leben heute vom Opiumanbau und von den Touristen, die in Massen nach Chiangmai, dem Zentrum des Nordens, strömen, um diese exotischen Volksstämme zu besichtigen.

Ich habe mein Haus und meine Familie in Zentral-Thailand, im Gebiet der großen Reisebene rund um das Mündungsdelta des Menam und einiger anderer großen Flüsse, die in den Golf von Thailand strömen. Die Menschen dort sind ausschließlich ethnische Thais, die mit ihren Familien seit jeher mitten in den Reisfeldern wohnen. Selbst in den ärmsten Hütten findet man dort zwar heute einen Fernseher, das Leben und die Gebräuche der Menschen haben sich aber in den letzten hundert Jahren kaum verändert. Überhaupt ist es für uns Europäer erstaunlich, wie sich auf dem Lande neben den modernen Errungenschaften der Technik, wie Fernseher, Maschinen für die Feldarbeit, Außenbordmotore für die Boote, die den Hauptteil des Verkehrs auf den vielen Wasserarmen dort bestimmen, die alten Sitten und Gebräuche gehalten haben. Meine Erfahrungen im Zusammenleben mit Thais stammen zum großen Teil aus diesem ländlichen Milieu.

Aber auch in Phuket und in den anderen Fremdenverkehrsorten kommt man als *Farang* ja fast ausschließlich mit Thais in Kontakt, die bis vor kurzem noch in ländlichen Familiengemeinschaften gelebt und gearbeitet haben. Ganz deutlich sieht man das bei den Mädchen, die vor oder hinter den Bartheken herumhängen. Sie sind in der Regel hübsch, haben aber durch die jahrelange Arbeit schon als Kind in den immer unter Wasser stehenden Reisfeldern "Schwimmfüße" bekommen und vom Gang über die Stoppelfelder einen ganz typischen, beim Gehen die Fußinnenseiten vorschiebenden Watschelgang.

Meine Geschichten und Erfahrungen beziehen sich deshalb überwiegend auf die ärmeren Volksschichten, die sicher mehr als 90% der Bevölkerung ausmachen. In Bangkok leben neben den vielen Millionen Landbewohnern, die in die Großstadt gegangen sind, um hier ihren Lebensunterhalt zu verdienen, natürlich auch einige verhältnismäßig wohlhabende oder gar immens reiche Thais. Mit dieser kleinen Oberschicht kommt man aber in der Regel nur als Geschäftsmann, nicht aber als Tourist in Kontakt. Hier mögen etwas andere und verfeinerte Sitten herrschen. Aber auch diese Leute sind schließlich Thais, und grundsätzlich gelten für sie - wenn auch auf etwas anderem Level - die gleichen Regeln und Tabus, wie für die Mehrheit der Thais, die auf dem Lande lebt.

Da es über Thailand genug Reiseführer von mehr oder weniger kompetenten Autoren gibt, in denen im Detail beschrieben wird, welche Orte zu besuchen sich lohnt, wie man dort hingelangt, wo und zu welchen Preisen man schlafen, essen, einkaufen oder sich sonstige Vergnügungen beschaffen kann, habe ich auf diese für den Touristen sicherlich wichtigen Beschreibungen verzichtet und statt dessen versucht, an Hand selbsterlebter kleiner Geschichten einen typischen Einblick in das Leben der Thais zu geben. Natürlich handelt es sich um ganz subjektive Erfahrungen, und man sollte sich hüten diese zu sehr zu verallgemeinern. Man sollte darin also nicht etwa eine soziale oder moralische Wertung der Thais sehen, sondern die Geschichten so nehmen, wie sie gedacht sind: als kleine bunte Farbtupfer, die das für den Besucher oft unerklärliche und unvorhersehbare Handeln der Thais im täglichen Leben etwas besser verstehen lassen.

Besucher Thailands halten sich meist nur für kurze Zeit im Land auf. Vielleicht kann dieses Buch ihnen die Lebens- und Denkensweise der Thais etwas näher bringen. Sie werden dann mehr mit nach Hause nehmen als nur ein paar Postkarteneindrücke und mehr als die Bestätigung der üblichen Klischees, mit denen die Reiseveranstalter die Erwartungen der Touristen zu bedienen pflegen.

Die Besucher

Thailand - das frühere Siam - ist heute ein vielbesuchtes Reiseland. Ein mehrwöchiger Aufenthalt kostet trotz der langen Flugreise kaum mehr als ein Spanienurlaub. Anspruchslose Traveller kommen oft sogar mit noch kleinerem Budget aus. Trotz der vielen Touristen - vor allem Westeuropäer, Japaner und Australier - ist es den Thais bis heute gelungen, ihre Besonderheiten und ihre Sitten und Gebräuche weitgehend zu erhalten, wenn man von wenigen Zentren einmal absieht, die ausschließlich vom Tourismus leben, wie Pattaya, Phuket sowie zwei oder drei Vergnügungsviertel in Bangkok.
Obwohl jährlich weit über eine Million *Farangs* nach Thailand kommen, haben die meisten Thais auf dem flachen Land, wo der weitaus größte Teil der Bevölkerung lebt, diese komischen Langnasen mit den seltsamen Sitten und einer absolut unverständlichen Sprache bisher nur im Fernsehen zu Gesicht bekommen. Fünfzehn Jahre lang bin ich mehrere Male im Jahr mit dem Zug zwischen Bangkok und der meinem Haus auf dem Lande am nächsten gelegenen Kreisstadt Chachoengsao hin- und hergefahren. Dabei habe ich noch nie einen *Farang* getroffen. Es ist für den interessierten Besucher gar nicht so einfach, sich dem Rummel der Touristenzentren, die von der Zeit des Vietnamkrieges noch sehr stark auf amerikanischen Geschmack ausgerichtet sind, zu entziehen und etwas von den Sitten und Gebräuchen des unverfälschten Thailands zu entdecken.

Diese Sitten, die von unverständigen *Farang*s auch manchmal als Unsitten angesehen werden, machen zusammen mit der herrlichen Natur, den Tausende von Kilometern langen Traumstränden und dem tropischen Klima aber erst den eigentlichen, besonderen Reiz dieses Landes aus. Wer als Fremder nicht wenigstens versucht zu verstehen, welche Lebens- und Überlebenskunst sich hinter diesen, oft exotisch anmutenden Handlungs- und Verhaltensweisen verbirgt, dem entgeht viel vom Zauber dieses schönen Landes.

Oft stehen aber auch die Thais den Verhaltensweisen der *Farang*s verständnislos gegenüber. Da sie jedoch ein sehr tolerantes Völkchen sind, begnügen sie sich in der Regel damit, alle *Farang*s grundsätzlich für *„baba-bobo"*, d.h. für etwas verrückt zu halten. Zu dieser Meinung trägt nicht zuletzt auch die komische Sucht der *Farang*s bei, zwar über die Hitze zu stöhnen, sich dann aber stundenlang in der Sonne rösten zu lassen, in dem vergeblichen Versuch, schwarz zu werden. Dabei lernt doch in Thailand jedes Kind, daß man sich der Sonne nur aussetzt, wenn es sich absolut nicht vermeiden läßt, und sich im übrigen tunlichst im Schatten aufhält, wenn irgend möglich in horizontaler Position. Man muß diesen komischen fremden Vögeln also schon einiges nachsehen. Außerdem hält man alle *Farang*s automatisch auch für reich, da sie es sich ja leisten können, solch eine teure Reise zu bezahlen, und deswegen glaubt man, sie auch dementsprechend schröpfen zu können. Das geht vom mindestens doppelten Fahrpreis, den der Taxifahrer vom neu angekommenen und mit den Preisen noch nicht vertrauten Fremden verlangt, bis hin zu den offiziellen Eintrittspreisen in Tempeln, Museen, Tierparks usw., wo die Eintrittskarten für *Farang*s meist zwei- bis fünfmal soviel kosten als für Thais.

Neben dem Geld sind es aber noch einige andere Dinge, die den Thais an den *Farangs* gefallen. Die Mädchen bewundern vor allem die großen Nasen und blonden Haare der *Farang*-Frauen und würden liebend gerne ihre süßen

Stupsnasen und schönen langen schwarzen Haare dagegen tauschen. Auch weiße Haut gilt als schön, weshalb die Thais gar nicht verstehen, warum die *Farang*s alle mit Gewalt braun werden wollen. Wenn man immer wieder hört, daß die Mädchen von Chiangmai besonders schön seien (auch in unseren Reiseführern wird dieser Unsinn immer wieder kolportiert), dann deswegen, weil im Norden Thailands, wo die Sonne weniger stark brennt, die Menschen von Natur her eine hellere Hautfarbe haben, und das finden Thais eben schön. Es wäre sicher gar keine schlechte Geschäftsidee, entsprechend den bei uns überall wuchernden Bräunungsstudios, in Bangkok ähnliche Etablissements einzurichten, wo sich Thais die Haut weiß färben lassen könnten. An Kundschaft würde es sicher nicht mangeln, wenn jemand eine passende technische Lösung hierfür fände.

Jahr für Jahr kommen über eine Million Besucher nach Thailand, und zwar aus unterschiedlichen Motiven und mit genauso unterschiedlichen Vorstellungen von dem, was sie erleben wollen. Bei diesen Besuchern handelt es sich im wesentlichen um drei, zwar nicht klar abgegrenzte und sich zum Teil überschneidende, aber doch in gewissem Sinne charakteristische Gruppen. Sie kommen mit jeweils anderen Teilen der Bevölkerung in Kontakt und machen aus diesem Grunde, aber auch wegen ihres unterschiedlichen Auftretens und Erscheinungsbildes, auch unterschiedliche Erfahrungen.

Die Pauschaltouristen

Hier handelt es sich meist um Leute schon gesetzteren Lebensalters, teilweise auch um Ehepaare, die häufig zum ersten Mal nach Thailand kommen. Ein Teil dieser Gruppe kommt aber auch als Sextouristen und will mal fern der Heimat etwas von dem sagenhaften, exotischen Sex der Thailänderinnen erleben. Pauschaltouristen wohnen meist in besseren Hotels, die auf die paar typischen Fremdenverkehrszentren konzentriert sind. Eventuell nehmen sie auch noch an einer ebenfalls pauschal zu buchenden und organisierten Rundreise teil, die meist von Bangkok gen Norden nach Chiangmai oder gen Süden nach Phuket führt. Sie kommen zwangsläufig - schon wegen der Sprachbarriere - fast ausschließlich mit Thais in Kontakt, die vom Tourismus leben, sei es als Hotelpersonal, Reisebegleiter oder Folkloredarsteller. Dazu zählen auch die Bewohner der auf solchen Rundreisen besuchten Eingeborenendörfer oder eben die vielen Mädchen, die in den Bars mit der Betreuung liebeshungriger *Farangs* ihren Unterhalt verdienen. Es ist erstaunlich, daß die meisten Pauschaltouristen, trotz mancher negativer Erscheinungen, die der Kontakt zwischen so unterschiedlichen Lebenskreisen, Lebensstandards und oft fragwürdigen Umweltbedingungen, zwangsläufig mit sich bringt, von Thailand begeistert sind und bei nächster Gelegenheit wieder hinreisen.

Die Traveller

So werden die sogenannten Rucksacktouristen bezeichnet, meist jüngere Leute, häufig Studenten, die oft zu mehreren unterwegs sind, um die große weite Welt kennenzulernen. Thailand ist meist nur eine Station auf ihrer Tour durch mehrere asiatische Länder. Traveller sind in der Regel mehrere Monate unterwegs und müssen mit einem dem Lebensalter und den Einkommensverhältnissen entsprechenden, schmalen Reisebudget auskommen. Sie wohnen in kleinen preiswerten Hotels oder Gästehäusern, essen in den vielen billigen Nudelshops am Straßenrand, reisen mit den lokalen Verkehrsmitteln im Land umher und versuchen, so viel wie möglich kennenzulernen, was auch den Kontakt mit der einheimischen Bevölkerung einschließt. Gebremst wird das Kennenlernen allerdings durch die Sprachbarriere. Doch bemühen sich oft gerade die jungen Leute, ein paar Brocken der Landessprache zu lernen und haben damit auch Erfolg, denn nichts erleichtert den Kontakt mit den Thais so sehr, wie wenn man sich bemüht ein paar Worte ihrer Sprache zu sprechen.

Negativ für das Ansehen dieser Gruppe wirkt sich allerdings oft aus, daß es zu ihrem Verständnis als freie Menschen gehört, so abgerissen wie möglich herumzulaufen. Dafür haben Thais nun wenig Verständnis, denn hier gehört eine möglichst ordentliche Kleidung zu dem, was in Asien allgemein mit dem Begriff „Gesicht“ gemeint ist. Gewiß laufen auch in Thailand, vor allem in den Slums in Bangkok und den ärmeren Provinzen im Osten und Nordosten, viele Menschen abgerissen herum. Hier ist das aber bittere Notwendigkeit, da sie zu arm sind, um sich anständige Kleidung zu kaufen. Wenn aber "reiche" *Farang*s wie die Strauchdiebe herumlaufen, dann verlieren sie damit ihr Gesicht bei den Einheimischen und dürfen sich nicht wundern, wenn sie entsprechend ihrem zur Schau gestellten Status behandelt werden.

Auch sind die Traveller bei den Thais, die vom Tourismus leben, nicht besonders beliebt, da sie bemüht sind, mit möglichst wenig Geld über die Runden zu kommen, im Gegensatz zu den Pauschaltouristen, die sich in ihren drei Wochen Urlaub auch mal richtig was gönnen wollen und beim Geldausgeben nicht so kleinlich sind.

Die Sextouristen

Das ist nun die in vielen Veröffentlichungen und von Frauengruppen mit moralisch erhobenem Zeigefinger angeprangerte Gruppe von Leuten, die sich für ihr sauer verdientes Geld etwas leisten wollen, was nun auch einmal zu den Grundbedürfnissen des Mannes gehört. Auch in Deutschland ist die Sexindustrie einer der blühendsten Wirtschaftszweige (lt. Spiegel 35/93 schaffen in Deutschland ca. 400.000 Frauen und Mädchen an). Grundsätzlich dürfte wohl kaum etwas Verwerfliches daran sein, sein Geld, wenn einem denn danach ist, statt im örtlichen Bordell in einem Land auszugeben, wo das Geld sicher dringender benötigt wird als in der Frankfurter oder Hamburger Unterwelt.

Von vollständiger Unkenntnis des Landes und der Sitten zeugen aber die von selbsternannten Tugendwächtern oder Beschützern der dritten Welt immer wieder erhobenen Vorwürfe, der sogenannte Sextourismus würde die moralische Basis in diesem noch natürliche Lebensformen praktizierenden Lande zerstören. Die Prostitution ist keinesfalls von den Touristen und auch nicht von den amerikanischen GIs im Vietnamkrieg nach Thailand importiert worden. Der thailändische Mann ist - wie übrigens in allen asiatischen Ländern mehr oder weniger üblich - seit jeher gewohnt, seine sexuellen Bedürfnisse weitgehend außerhalb seines Hauses zu befriedigen. Auch in Deutschland gehört dies ja nun nicht gerade zu den Absonderlichkeiten. Während es nach westlichem Standard moralisch durchaus in Ordnung ist, sich Vergnügen durch gutes Essen und Trinken (auch von reichlich Alkohol) zu verschaffen, schließt nach den Thai-Wertvorstellungen die Freude am Leben auch den Sex mit ein. Obwohl die Prostitution in Thailand schon seit vielen Jahren gesetzlich verboten und strafbar ist, gibt es in jeder kleinen Stadt im Land, also auch dort wo niemals ein sogenannter Sextourist hinkommt, mehrere Bordelle oder Massagesalons, die von der männlichen Thai-Bevölkerung fleißig frequentiert werden. Da Thailand nie eine westliche Kolonie war, haben auch westliche moralische Wertvorstellungen nie Eingang in Thai-Standards gefunden. Erst in den letzten Jahren werden durch Fernsehen und Tourismus westliche Sitten - und hier vor allem die negativen - auch in Thailand, besonders natürlich in Bangkok, immer mehr von den Thais eingeführt und dabei häufig noch übertrieben.

Wenn die Thais sich über etwas beklagen können, dann bestimmt nicht darüber, daß die Sextouristen die Moral der weiblichen Bevölkerung zugrunde richten, sondern höchstens darüber, daß sie mit ihren DM oder Dollar die Preise in diesem Gewerbe in die Höhe treiben. Der sogenannte Sextourist kommt mit Mädchen und Frauen, die sich auf diese Art ihr Geld verdienen, ohnedies nur in den Bars der wenigen Fremdenverkehrszentren in Kontakt. Hier arbeiten natürlich in der Regel die hübschesten Mädchen, meist aus dem Armenhaus Thailands, dem kargen Nordosten. Wer diese Etablissements aber nicht mit den voreingenommenen Augen der Moralisten oder der Feministen betrachtet, der wird schnell feststellen, daß, wenn hier überhaupt jemand ausgebeutet wird, es die Touristen und nicht die Mädchen sind.

Klar ist, daß der im wesentlichen sexuellen Kontakt suchende Tourist nur mit einer eng begrenzten Bevölkerungsgruppe in Kontakt kommt; eben mit der, die sich so in den Bars und darum herum aufhält. Es wäre für einen *Farang* in der Regel unmöglich, etwa wie bei uns auf der Straße ein hübsches Mädchen anzusprechen, oder sie gar zum Mitkommen zu veranlassen. Der nähere oder auch intime Kontakt mit einem in einer Bar arbeitenden Mädchen gibt allerdings - zumindest wenn man sich ein bißchen darum bemüht - meist mehr Einblick in die Denkensweise der Thais, als der Umgang mit dem nur auf die Eigenheiten der Touristen eingestellten Hotelpersonal. Nicht selten entwickelt sich aus diesen in unserer Presse immer so abwertend beurteilten Kontakten, ein richtiges Liebesverhältnis oder gar eine Ehe. Praktisch haben alle deutschen Männer die eine Thai geheiratet haben, ihre Frauen in einer Bar kennengelernt, da es für einen *Farang* kaum eine andere Möglichkeit gibt, mit einer Thai in näheren Kontakt zu kommen.

Die Aussteiger

Damit möchte ich diejenige Gruppe von *Farangs* bezeichnen, die - aus welchem Grunde auch immer - ihrer Heimat auf Dauer oder zumindest auf längere Zeit den Rücken gekehrt haben und die versuchen, sich in Thailand durchzuschlagen, oder - wenn das Geld hierfür reicht - ein Leben zu führen, wie es in Deutschland nicht möglich ist. Es handelt sich um eine sehr heterogene Gruppe, deren Gründe für den Ausstieg recht unterschiedlich sind.

Da ist z. B. der Frankfurter Juwelier, der mit 50 Jahren bei seinem ersten Besuch in Thailand plötzlich auf den Trichter gekommen ist, daß es doch sinnlos ist, sich von morgens bis abends abzurackern, um immer noch mehr Geld zu verdienen, das dann doch letztlich nur seine mißratenen Kinder oder die überlebende Witwe erben werden. Er verkauft also sein Geschäft, trennt sich von allen Bindungen in Deutschland, legt sein Geld in guten Papieren so an, daß er bis ans Lebensende ein Auskommen hat, übernimmt in Phuket eine kleine Bar und bewirtschaftet sie zusammen mit seiner Thai-Freundin. Er kann jetzt den ganzen Tag über am Strand liegen, Golf oder Tennis spielen oder anderen Hobbys nachgehen. Abends sitzt er dann vor seiner kleinen Bartheke, trifft eine Menge mehr oder weniger interessanter Leute, die als Touristen ins Land gekommen sind und überläßt die Arbeit seiner Thai-Freundin, die im übrigen auch zufrieden ist, denn sie hat ja jetzt als Chefin einen wesentlich höheren Status als ihre ehemaligen Kolleginnen, die vor der Bar sitzen und sich jeden Tag neu abmühen müssen, einen Kunden abzuschleppen.

Einen großen Anteil an den Aussteigern haben natürlich die Leute, die aus irgendeinem Grunde aus ihrem Heimatlande verschwinden mußten, sei es, daß die Polizei, das Finanzamt, der Konkursrichter oder aber die Alimente einklagende Ehe- bzw. Exfrau hinter ihnen her waren. Oft übernehmen sie mit dem schnell noch beiseite geschafften Geld eine Bar oder ein kleines Restaurant. Das setzt allerdings voraus, daß sie eine feste Thai-Freundin oder eine - wenn auch nicht legal, sondern nur „vorm Buddha" d.h. religiös angetraute - Thai-Frau haben. Ausländer bekommen nämlich normalerweise weder eine Arbeitserlaubnis noch die Lizenz zum Betrieb einer Bar. Damit sind sie natürlich weitgehend von der Frau abhängig, die - da sie nicht nur Frau, sondern außerdem noch Thai ist - das in der Regel auch entsprechend zu nutzen und auszuspielen weiß. Da diese Leute meist nicht ganz aus freiem Willen in Thailand sind, betrachten sie sich oft auch mehr oder weniger als Exilanten und versuchen gar nicht weiter die Mentalität und Lebensweise der Thais zu verstehen oder sie gar zu akzeptieren. Wenn man mit diesen Aussteigern zusammensitzt, ist ein ewiges und beliebtes Thema, sich darüber auszulassen, wie faul, wie dumm und wie unordentlich die Thais seien, ganz abgesehen davon, wie ihre Thai-Frau dauernd versucht sie auszunehmen. Die meisten Angehörigen dieser Gruppe schaffen es dann auch in wenigen Jahren, ihr Geld durchzubringen, worauf ihnen dann in der Regel nichts anderes übrig bleibt, als in ihre Heimat zurückzukehren und von öffentlicher Unterstützung zu leben.

Einem kleineren Teil allerdings gelingt es, sich in Thailand tatsächlich eine neue Existenz aufzubauen, wozu dann mindestens zwei Voraussetzungen gehören: zum einen eine absolut loyale (das heißt aber keineswegs unterwürfige) und intelligente Thai-Frau und zum anderen Geschäftssinn, Sparsamkeit und natürlich auch Arbeit, also das, was auch in Deutschland erforderlich ist, wenn man im Geschäftsleben Erfolg haben will.

Der Charakter

Es ist natürlich sehr schwer, Aussagen über allgemeine oder typische Charakterzüge eines Volkes zu machen. In einem Volk von 60 Millionen Menschen gibt es gute und schlechte, ehrliche und betrügerische, sanftmütige und aufbrausende Typen, kurz alle möglichen Charaktereigenschaften in den unterschiedlichsten Abstufungen. Wenn ich aber ein paar typische Thai-Charakterzüge beschreiben sollte, dann wären es etwa die folgenden :

Da ist vor allem *Duldsamkeit gegenüber Fremden.* Sie sind immer geneigt, jeden nach seiner Fasson leben und selig werden zu lassen, auch wenn für sie das Benehmen der *Farangs* manchmal ganz unverständlich ist. Sie erwarten allerdings diese Toleranz auch von anderen, und haben wenig Verständnis dafür, wenn Ausländer sie nun partout davon überzeugen wollen, daß ihre Lebensweise nicht richtig oder in speziellen Fällen ungesund, unsinnig oder gar unmoralisch sei.

Eine typische Form von Rassismus - interessanterweise oft bei Leuten anzutreffen, die sich auf ihr Engagement für die dritte Welt etwas einbilden - ist doch wohl die Erwartung, daß unsere durch 2000 Jahre Christentum (oder noch besser Kirche) geprägten Ethik- und Moralvorstellungen auch für fremde Völker gelten müßten, die einen ganz anderen religiösen und kulturellen Hintergrund haben als wir Europäer.

Weiter zu nennen ist hier die *Fähigkeit zur Anpassung* auch an widrige Lebensumstände. Großen Einfluß auf die Bildung des Volkscharakters haben sicherlich die über zwei Jahrtausende gepredigten Lehren Buddhas gehabt, die Achtung und Toleranz gegenüber allen Lebewesen, Sanftmut sowie den doch relativ geringen Wert aller vergänglichen Dinge predigen und die den Menschen zur inneren Zufriedenheit führen sollen. Buddhismus ist weniger eine Religion als eine Philosophie, eine Anleitung, auf die beste Weise mit diesem Leben fertig zu werden. Im Gegensatz zur christlichen Kirche kennt der Buddhismus keine Gebote, deren Übertretung nach dem Tode Höllenstrafen nach sich zieht, sondern stellt Regeln auf, deren Befolgung den Weg zur inneren Zufriedenheit und endlich zum Nirvana aufzeigt. Thais sind daher pragmatische Menschen und von Natur aus freundlich und sanftmütig, was allerdings nicht ausschließt, daß sie, falls man sie über die relativ hohe Geduldsschwelle hinaus reizt, auch furchtbar ausrasten können. Sie lieben nichts so sehr wie *Spaß.* Jede Gelegenheit, etwas zu feiern, wird genutzt. Auch am Klischee vom Land des Lächelns ist etwas dran: die meisten Thais, vor allem Frauen, die man anlächelt, lachen fröhlich zurück, ja auf dem Lande nicken sogar die Wasserbüffel freundlich mit den Köpfen, wenn man an ihnen vorbeigeht.

Aber auch hier setzen sich leider immer mehr westliche Sitten durch. Ein typisches Beispiel, das einen sogleich am Land des Lächelns zweifeln läßt, sind die ersten Menschen mit denen man als Besucher in Thailand in Kontakt kommt, die Beamten der Paßkontrolle am Flughafen. Sie unterscheiden sich durch nichts von ihren Kollegen in New York oder Frankfurt, bei denen man auch jedesmal den Eindruck hat, daß sie eine unverdiente Gunst gewähren, wenn sie dem Besucher endlich den Eintritt in das Land gestatten.

Ein anderer Aspekt, der den Besucher an der sprichwörtlichen Höflichkeit der Thais zweifeln läßt, ist die ruppige

Art, mit der manche Thais, die beruflich mit den *Farangs* zu tun haben, also z.B. Taxifahrer, Bootsverleiher oder irgendwelche Leute, die einem etwas andrehen wollen, reagieren, wenn man nicht so will, wie sie es für richtig halten.

Die Thais sind *mit ihrem Los allgemein zufrieden,* im Durchschnitt bestimmt nicht unzufriedener als wir Europäer mit unserem höheren Lebensstandard. Gewiß hätte man gerne mehr Geld, aber wenn nicht, dann ist das eben Schicksal *Karma,* und es hat überhaupt keinen Sinn, sich darüber zu grämen. Eine der dümmsten Bemerkungen, die ich in einer Fernsehreportage über die armen Leute in Thailand gehört habe, war der Ausspruch „Es ist unglaublich wie fröhlich die Kinder trotz ihrer Armut sind". Aus dieser Ansicht, andere Völker, die wie die Thais einen ganz anderen Entwicklungsweg genommen und eine völlig andere Mentalität haben als wir, könnten nur dann glücklich und zufrieden sein, wenn sie den gleichen Lebensstandard genießen wie wir, spricht ein satter Hochmut. Menschen die so etwas sagen, sollten sich doch zuerst mal in ihrer eigenen Familie und unter Nachbarn und Bekannten zu Hause umsehen, um festzustellen, wie wenig glücklich und zufrieden das macht, was wir als unverzichtbaren Lebensstandard ansehen.

Da Thailand nie kolonialisiert war, haben die Thais eine wesentlich freiere und unbefangenere Einstellung zu Fremden als ehemalige Kolonialvölker. Allerdings zeigen sie auch einen *ausgeprägten Nationalstolz,* der uns Europäern manchmal etwas übertrieben vorkommt. Thailand hieß bis zum Ende des letzten Weltkriegs Siam. Erst 1945 wurde der Name geändert, das Wort Thailand bedeutet wörtlich "Land der Freien". Tatsächlich haben es die Thais durch ihr geschicktes und pragmatisches Taktieren geschafft, als einziges asiatisches Volk außer Japan die ganzen letzten Jahrhunderte hindurch unabhängig zu bleiben.

Typisch für Thais ist aber vor allem *ihre Fähigkeit, das Leben nicht zu ernst oder zu schwer zu nehmen.* Dies rührt wohl von der Überzeugung her, nach diesem Leben wiedergeboren zu werden. Anders als im Christentum, das unseren Kulturkreis geprägt hat, folgt nach den Vorstellungen der Buddhisten nach dem Tode nicht der Himmel oder die Hölle, wo man für alles, was man in diesem Leben getan hat, belohnt wird oder büßen muß, sondern ein neues Leben, wo man die Chance hat, alles besser zu machen. Wenn etwas für uns Europäer anziehend an der Lebensweise der Thais ist, dann ist es ihr *schwereloser Lebensstil,* der ganz auf das Heute und nicht auf das Morgen und schon gar nicht auf das Jenseits ausgerichtet ist.

Auch die dem Buddhismus eigene Vorstellung vom *Karma,* daß nämlich alle verschiedenen Leben eine einzige Folge sind und daß all unser Tun und Lassen in diesem Leben zwangsläufig Auswirkungen auf das nächste Leben haben muß, bestimmen stark das Wesen der Thais. Daher ihre natürliche Freundlichkeit und Hilfsbereitschaft, aber auch ihr Bemühen, bei jeder Gelegenheit „*tam bon*", das heißt Gutes zu tun; egal ob man den Mönchen morgens etwas in den Napf legt, beim Tempelbesuch einen Vogel oder Fisch in Freiheit setzt oder für den immer prächtigeren Ausbau eines Tempels spendet. Indem man „*tam bon*" tut, zahlt man sozusagen auf ein Bankkonto ein, von dem man im nächsten Leben abheben kann. Das ständige Bestreben „*tam bon*" zu tun hat aber auch noch einen gegenwartsnäheren Sinn: man kann damit begangene Sünden abgelten, ähnlich wie früher mit dem Ablaß in der katholischen Kirche. So sieht man manchmal in einer Bar auf der Theke einen kleinen, in einem Topf stehenden Strauch, den die Mädchen über und über mit Geldscheinen - und nicht nur mit kleinen - als Spende für den Tempel behängt haben, nicht zuletzt um damit die beim täglichen Broterwerb unvermeidlichen Sünden wiedergutzumachen.

Der buddhistische Glaube an das *Karma* besagt, daß letztlich alles was einem im Leben widerfährt, nur eine Folge dessen ist, was der Mensch in seinen vorhergegangenen Existenzen an Gutem oder Schlechtem getan hat. Er begründet sicher die typische Fähigkeit der Thais, ohne groß zu klagen dieses ärmliche Leben zu meistern. Schließlich hat man für alles, was einem widerfährt, ja selbst im früheren Leben einst die Ursachen gesetzt. Thais hadern deshalb bei widrigen Lebensumständen nicht mit dem Schicksal. Die derzeitige Situation im Leben ist schließlich nur die Folge guter oder böser Taten im früheren Leben, die nun vergolten werden.

Der Buddhismus mischt sich auch weniger als andere Religionen in gesellschaftliche Zustände ein, sondern zielt darauf ab, dem einzelnen Individuum zu zeigen, wie es selbst mit den Widrigkeiten dieses Lebens fertig werden und schließlich das Nirvana erreichen kann. Tatsächlich sind Thais trotz starker familiärer Bindungen *ausgesprochene Individualisten,* die sich möglichst wenig um die Angelegenheiten der Mitmenschen kümmern. Die einem Besucher manchmal befremdlich aufstoßende, fehlende Rücksichtnahme auf die Bedürfnisse des anderen, bemerkbar vor allem im Straßenverkehr und in öffentlichen Verkehrsmitteln, beruht ganz einfach darauf, daß man nicht gewohnt ist für den Fremden zu denken oder sich in seine Bedürfnisse hineinzuversetzen. Dabei liegt es dem für unsere Verhältnisse vielleicht rücksichtslos handelnden

Thai fern, jemanden zu behindern oder gar weh tun zu wollen. Wenn man ihn höflich darauf aufmerksam macht, daß er jemanden behindert, wird er mit einem freundlichen oder verlegenen Lächeln den Weg freimachen.

Thais sind zwar allgemein sehr religiös, aber auf eine wesentlich freiere Art und Weise als wir. Die christlichen Missionare haben, im Gegensatz z.B. zu Korea, in Thailand nie eine Chance gehabt, obwohl sie, zumindest während der letzten hundert Jahre, frei missionieren durften. So steht es jedem Thai frei, außer an die Lehren von Buddha, noch an andere Dinge zu glauben, vor allem an das, was wir so gewöhnlich als Geister bezeichnen. Die Überzeugung, daß um uns herum viele Dinge existieren, die wir mit unseren fünf Sinnen nicht wahrnehmen können, ist für Thais selbstverständlich und zeigt sich, vor allem auf dem Lande und bei Frauen, als starker Geisterglaube, der nicht nur neben dem Buddhismus existiert, sondern regelrecht damit vermischt wird. Geister, das heißt Wesen, die wir nicht wahrnehmen können, sind in jedem Haus, jedem Strauch, jedem Baum und jedem Fluß. Wer einigermaßen unbeschadet durchs Leben kommen will, muß sich mit diesen Geistern gut stellen, sie möglichst freundlich stimmen und ihnen regelmäßig Opfergaben bringen. Selbst der aufgeklärteste Manager in Bangkok wird kein neues Bank- oder Hotelgebäude errichten, ohne vorher die zuständigen, also vor allem die den Baugrund bewohnenden Geister durch entsprechende Gaben und vor allem durch ein schönes neues Geisterhaus günstig für sein Vorhaben zu stimmen.

Aber auch die alten Hindu-Götter Brahma, Wischnu und Indra werden neben Buddha verehrt und ihre Tempel sind allgegenwärtig. Der bekannteste und wohl meistbesuchte Tempel in Bangkok ist der Brahma-Schrein am Erawan-

Hotel, der ursprünglich einmal bei der Errichtung des alten Erawan-Hotels in den zwanziger Jahren aufgestellt wurde, um Unglück von der Baustelle fernzuhalten. Heute wird er aber wegen seiner vielen Wunder täglich von Tausenden von Menschen besucht.

Erstaunlich ist, wie es den Thais gelingt, ihre alten Sitten, insbesondere die buddhistischen Regeln, mit modernen Errungenschaften in Einklang zu bringen. Das gilt sowohl für die Technik, wie z.B. das Fernsehen, als leider auch für einige weniger schöne Dinge, die von den *Farangs* importiert wurden, wie etwa für den Barbetrieb und den Touristenrummel in einigen Zentren. Trotzdem ist es irgendwie rührend, wenn man sieht, wie die Barmädchen, wenn sie abends zur Arbeit kommen, zunächst einmal vor dem Geisterhäuschen oder dem Hausaltar opfern, Räucherkerzen verbrennen, eine Schale Reis, ein paar Früchte oder eine geöffnete Flasche Cola auf den Altar oder das Geisterhäuschen stellen (mit Strohhalm bitte, damit der Geist auch trinken kann) und um ein gutes Geschäft oder einen guten Gast beten.

Wenn man in die Tageszeitungen blickt, von denen einige in Thailand auch auf englisch erscheinen, oder regelmäßig die Nachrichten im Fernsehen sieht, wird man allerdings schnell feststellen, daß das Land doch erhebliche Probleme mit dem plötzlichen Sprung aus einem unterentwickelten Agrarland in eine moderne Industriegesellschaft hat.

Das betrifft vor allem den immer größer werdenden Abstand zwischen der kleinen Minderheit, die von dem jährlich in zweistelliger Größenordnung wachsenden Sozialprodukt profitiert, und der Masse der armen Bevölkerung. Da es auf dem Lande kaum Arbeitsplätze gibt, strömen monatlich viele Tausend junge Leute nach Bangkok, die hoffen, hier ihr Glück zu machen. Da aber auch in Bangkok das Geld nicht auf der Straße liegt, steigt die Kriminalität stark an. Trotz alledem ist Thailand, von einigen dunklen Vierteln in Bangkok mal abgesehen, immer noch eines der sichersten Reiseländer, bestimmt sicherer als die europäischen Mittelmeerländer.

Ein unerfreuliches Beispiel für die Bemühungen der äußerst karg besoldeten Staatsbediensteten zur Verbesserung ihrer wirtschaftlichen Lage ist, neben der Korruption in allen Bereichen des öffentlichen Lebens, die Unzuverlässigkeit der thailändischen Post. Briefe aus dem Ausland, bei denen zu vermuten ist, daß sie Geld oder Wertsachen enthalten, verschwinden sehr häufig oder kommen ohne Inhalt an. Als ich einmal die zur Ausstellung eines Visums erforderlichen Dokumente an meine Adresse in Thailand schicken lassen wollte, ging die Sendung zweimal verloren. Zum Glück handelte es sich nur um Kopien der Dokumente. Erst als ich beim dritten Versuch die Papiere direkt an die Deutsche Botschaft in Bangkok schicken ließ, kam der Brief an. In Leserbriefen an die in Bangkok erscheinenden englischsprachigen Zeitschriften wird u.a. berichtet, daß Kreditkartengesellschaften sich seit einiger Zeit weigern, nach Ablauf der Gültigkeit eine neue Karte an in Thailand wohnhafte *Farang*s zu senden, da solche Sendungen mitsamt der Kreditkarte zu häufig verloren gingen.

Ein weiteres Beispiel ist die Einhaltung von Sicherheitsvorschriften, egal ob beim Straßenverkehr, bei der Errichtung von Hochhäusern oder beim Arbeitsschutz. Immer wieder kommt es durch Nichtbeachtung solcher Vorschriften zu Katastrophen, bei denen Dutzende oder auch mehr als hundert Menschen ums Leben kommen. So explodierte z. B. ein mit Sprengstoff beladener Lastwagen, der durch zu schnelles Fahren in den Straßengraben geraten und umgekippt war, und mehr als hundert Schaulustige, die sich am Unglücksort eingefunden hatten, kamen dabei um. Oder es stürzte ein Hotel ein, ebenfalls mit weit über hundert Toten, weil die Besitzer einfach auf ein dreigeschossig gebautes und auch nur für diese Lasten berechnetes Haus noch ein paar Stockwerke draufgesetzt und bei dieser Gelegenheit im Erdgeschoß auch noch ein paar tragende Stützen, die im Weg waren, herausgenommen haben. Natürlich gibt es auch in Thailand entsprechende Vorschriften. Aber die tief verwurzelte Überzeugung, daß alle Vorschriften von der Obrigkeit nur dazu erlassen wurden, um durch Duldung der Umgehung Geld kassieren zu können, zusammen mit der den Thais eigenen „*mai pen rai*"-Mentalität (macht doch nichts), läßt es immer wieder zu solchen Katastrophen kommen, die dann von den Medien in allen grausamen Einzelheiten mit den Bildern der Opfer gezeigt, dann aber doch schnell wieder vergessen werden.

Da die Thais seit Jahrhunderten unter der Herrschaft von gottähnlichen Königen gelebt haben, hat die *religiöse Unterwerfung unter die Obrigkeit* auch eine große Rolle bei der Bildung des Volkscharakters gespielt. Dabei war die Masse des Volkes auf dem Lande bis zur Leibeigenschaft von einer kleinen, aber mächtigen Oberschicht abhängig. Auch dies hat erheblich dazu beigetragen, daß Eigeninitiative, Entschlußfreudigkeit und Verantwortungsbewußtsein nicht gerade zu den hervorragenden Tugenden der Thais zählen. Erst in den letzten Jahren beginnt sich als Folge der Industrialisierung und Demokratisierung eine Mittelschicht mit besserer Bildung und größerer finanzieller Unabhängigkeit herauszubilden, die immer stärker darauf dringt, an der Gestaltung der Thai-Gesellschaft mitzuwirken. Bedingt durch die kriegerischen Auseinandersetzungen in den Nachbarländern und insbesondere als

Folge des starken amerikanischen Einflusses während des Vietnamkrieges, haben die Militärs einen großen Anteil an dieser neuen Gesellschaftsschicht gewonnen, so daß heute der größte Teil der einflußreichen Politiker, aber auch viele Präsidenten von privaten und öffentlichen Gesellschaften einen Generalstitel vor ihrem Namen führen.

Allerdings haben wir Ausländer es so gut wie nie mit der Oberschicht und nur selten mit der Mittelschicht zu tun. Der Thailand besuchende *Farang* wird in der Regel nur mit Thais in Kontakt kommen, die von der jahrhundertelangen Unterwerfung und Hilflosigkeit gegenüber der herrschenden Schicht geprägt sind und die auf das Tun und Handeln der *Farangs,* das dem Selbstverständnis einer modernen Industriegesellschaft entspringt, mit Unverständnis reagieren.

Zwar ist Thailand seit über 50 Jahren eine Demokratie, das demokratische System unterscheidet sich aber doch stark von dem, was wir darunter verstehen. Ein typisches Beispiel hierfür ist der Stimmenkauf bei den Wahlen. Thailand hat zwar eine durch das Parlament gewählte, bzw. bestätigte Regierung, besitzt aber seit Jahrhunderten eine tief verwurzelte Feudalhierarchie mit dem König an der Spitze. Auf der einen Seite führte dies natürlich zur Konzentration des Landbesitzes bei den adeligen Familien, von denen die Masse der armen Landbevölkerung abhängig war. Auf der anderen Seite ergab sich für die reichen Landherren daraus aber auch die Verpflichtung, für ihre Untertanen zu sorgen. Heute sind die reichen Landherren zum Teil durch die Abgeordneten ersetzt, die im Parlament einerseits die Interessen ihres Bezirks vertreten sollen und andererseits ihre eigenen nicht zu kurz kommen lassen wollen. Dabei erwartet der Wähler, daß der sich zur Wahl stellende Abgeordnete ihm schon vor der Wahl zeigt, was für persönliche Vorteile er von ihm zu erwarten hat. Der Kandidat muß also in seinem Wahlbezirk für die Stimmen der Wähler oder zumindest für das Wohlwollen der einflußreichen Leute wie Bürgermeister, Ortsälteste usw. zahlen. Das geschieht durch direkte Zahlung von z.B. 100 Baht an alle Wahlberechtigten und / oder durch das Versprechen, der Gemeinde nach erfolgter Wahl etwas zukommen zu lassen, z.B. einen Lastwagen, um zu Besorgungen in die Stadt zu fahren, eine neue Schule oder anderes. Als nach dem Ende des Militärputsches 1992 die Nachricht im Fernsehen gebracht wurde, daß in Kürze Neuwahlen für das Parlament ausgeschrieben würden, äußerte meine Amphan freudige Zustimmung. Auf meine erstaunte Frage, seit wann sie sich denn so für Politik interessiere, meinte sie die Politik sei ihr egal, aber jetzt gebe es bald wieder Geldgeschenke von den Kandidaten.

Die jeweilige Regierung redet zwar immer davon, den Stimmenkauf bei Wahlen zu unterbinden. Aber genau wie bei anderen guten Vorsätzen wie z. B. der Unterdrückung der Prostitution oder dem Versprechen, nun endlich das Verkehrschaos in Bangkok anzugehen, bleibt es letztlich immer nur bei wortreichen Deklamationen, die niemand ernst nimmt. Schließlich profitieren ja auch die Minister, die ihren einträglichen Job behalten wollen, nicht unerheblich von dieser Art des Stimmenfangs.

Von ganz besonderer Art ist auch das Verhältnis der Thais zum Geld. Gemessen an unserem Lebensstandard sind die Thais meist sehr arm, vor allem auf dem Lande. Sobald sie aber etwas Geld in die Finger bekommen, wird dies auch sofort wieder ausgegeben. Sparsamkeit ist keine ausgeprägte Eigenschaft der Thais. Unsere Art, das Geld zusammenzuhalten und möglichst noch zu vermehren, wird von den Thais oft als Geiz verstanden. Geld ist dazu da, sich selbst oder auch anderen Freude zu machen, und zwar möglichst heute. Wer weiß, ob man morgen noch lebt.

Thais leben viel mehr als wir Deutsche für das Heute. Wichtig ist, daß man heute oder auch noch morgen Geld hat. Was für einen Sinn hat es, sich um das zu sorgen was in 10 oder gar 30 Jahren sein wird oder etwa dafür zu sparen? Vielleicht ist man dann ja bereits tot und wenn nicht, wird sich schon irgend etwas finden, wovon man leben kann.

Mit dem Geld halten es die Thais etwa so wie mit dem Wasser, das ja auch in manchen Gebieten des Landes zeitweise so kostbar wie Geld ist. Am Ende der langen Trockenzeit, wenn das Wasser wirklich knapp ist, wird das Thai-Neujahrsfest *Songkhran* gefeiert. Dabei wird ausgelassen mit Wasser durch die Gegend gespritzt, ja regelrechte Wasserschlachten werden veranstaltet. All das mit dem Gedanken: jetzt ist das Wasser zwar zu Ende, aber wenn wir den Geistern gezeigt haben, wie freigiebig wir mit dem Wasser umgehen, dann werden sie uns bald neues Wasser vom Himmel schicken. Der Unterschied zum Geld ist leider nur, daß es mit dem Wasser auch in der Regel klappt: am Ende der Trockenzeit wird, ob die Geister nun freundlich gelaunt sind oder nicht, der große Monsunregen kommen. Ob aber die Geister wirklich neues Geld schicken, wenn man das alte leichtsinnig ausgegeben hat, das ist eine andere Sache.

Einen guten Einblick in die Denkensweise der Thais gibt vielleicht die folgende Geschichte, die in jedem Thai-Schullesebuch zu finden ist :
Als der König auf einer seiner Reisen einen Bauern fragte, was er denn mit dem Geld mache, das er mit seiner Arbeit

verdiene, antwortete dieser: „Das ist ganz einfach. Das bißchen Geld, das ich mit meiner Arbeit verdiene, teile ich in vier Teile. Einen Teil vergrabe ich in der Erde; einen Teil bezahle ich meinen Gläubigern; einen Teil werfe ich in den Fluß und den letzten Teil gebe ich meinem Feinde."

Als der König sich über diese seltsame Einteilung wunderte, erklärte der Bauer es näher:
„Der Teil, den ich vergrabe, ist das Geld, das ich für das Kloster und für milde Gaben hergebe. Das Geld wird mir im nächsten Leben Früchte tragen.
Der Teil, den ich meinen Gläubigern gebe, ist derjenige, den es mich kostet, meine alten Eltern zu unterhalten, denen ich mein Leben schulde.
Der Teil, den ich in den Fluß werfe, ist das Geld, das ich für Kartenspielen, Trinken und leichte Mädchen ausgebe.
Der Teil, den ich meinem Feinde gebe, ist das Geld, das meine Frau, die sich jeden Tag mit mir streitet, von mir bekommt."

Nun werden sicherlich, je nach Charakter des einzelnen, die jeweiligen Teile unterschiedlich groß sein. Die Geschichte hat aber, wie alle Fabeln, einen wahren Hintergrund. Geld ist nicht zum Sparen, sondern zum Ausgeben da. Dabei muß man nicht nur an die Familie, sondern auch an sein eigenes Vergnügen, die Alten und das nächste Leben denken.

Wenn aber tatsächlich das Geld nicht ausgegeben, sondern gespart wird, dann nicht auf der Bank, sondern in Gold. Auf Vorhaltungen des Weltwährungsfonds, daß die Sparquote in Thailand trotz des wirtschaftlichen Booms extrem gering sei, erwiderte kürzlich der Finanzminister, dies liege ganz einfach daran, daß das Sparverhalten der Thais ganz anders sei als das der Europäer. Mit Ausnahme der sehr reichen Leute bringen Thais, die für die Zukunft vorsorgen wollen, ihr Geld nicht auf die Bank, sondern kaufen dafür Gold, das bei Bedarf wieder schnell zu Geld gemacht werden kann.

Ein weiterer typischer Charakterzug der Thais ist, daß sie *keine Dogmatiker* sind, sondern im Gegenteil Leute, die sich sehr schnell an gegebene Umstände anpassen und ihr Fähnchen nach dem Winde richten. Peter Scholl-Latour beschreibt sie in seinem Buch „Der Tod im Reisfeld" einmal als opportunistisches Krämervolk. Das ist zumindest eine sehr einseitige und von persönlichen Ressentiments geprägte Ansicht. Immerhin hat dieser, den Thais eigene Pragmatismus sie ja vor hundertjähriger kolonialer Ausbeutung, dem Kommunismus und den schrecklichen Kriegen mit Millionen von Toten bewahrt, die ihre indochinesischen und burmesischen Nachbarn zugrunde gerichtet haben. Wenn auch die Regierungen oft gewechselt haben, so sind doch in Thailand in den Jahren seit dem letzten Krieg im wesentlichen die gleichen Kräfte am Steuer des Landes geblieben, so daß man von stabilen und demokratischen politischen Verhältnissen sprechen kann, die in diesem Teil der Welt ihresgleichen suchen. All das hat dazu geführt, daß es heute nicht nur eine sehr reiche Oberschicht gibt, sondern, daß auch die durchschnittlichen Lebensverhältnisse der Thais - mögen sie an unserem Lebensstandard gemessen bescheiden wirken - den Thailand umgebenden Völkern eher paradiesisch anmuten.

Ein anderes hübsches Beispiel für den Pragmatismus der Thais ist folgende Geschichte: Anfang 95 wurde das größte und bekannteste Kriegsschiff der thailändischen Flotte nach mehr als 50-jähriger Dienstzeit ausgemustert und sollte in ein Museum umgebaut werden. Aus diesem Anlaß wurde in den Thai-Zeitungen ausführlich über die

Geschichte des 1936 in Dienst gestellten Schlachtschiffes berichtet. Wichtig war vor allem, daß das Schiff mehrere Male den thailändischen Majestäten zu Auslandsbesuchen gedient hatte. Typisch war aber auch die Meldung, daß das Schiff bei den wenigen kriegerischen Aktivitäten in die Thailand verwickelt war, nämlich als es sich gegen Ende des Zweiten Weltkrieges auf die Seite der Alliierten schlug, und auch im Koreakrieg, nicht zu Schaden gekommen war, weil es nicht dort eingesetzt wurde, wo eventuell Gefahr drohte, nämlich im Chinesischen Meer, sondern immer auf der den Kriegshandlungen abgewandten Seite Thailands, dem Indischen Ozean. Die klugen Thais hatten also ihr damals modernstes und kampfkräftigstes Kriegsschiff gar nicht erst der Gefahr der Beschädigung oder Versenkung ausgesetzt, sondern es weise zurückgehalten.

Eine andere, für uns Europäer manchmal unangenehme oder zumindest unverständliche Variante des Thai-Pragmatismus, ist die Neigung zur Flucht vor allen Dingen die unangenehm sind oder werden können. So gehört zum Standardtext jeder Meldung über einen schwereren Verkehrsunfall in der Zeitung oder im Fernsehen der abschließende Satz: „Der / die Fahrer des LKWs / Busses sind vor dem Eintreffen der Polizei geflüchtet." Wenn dieser Satz in der Meldung fehlt, kann man sicher sein, daß der oder die Fahrer bei dem Unfall entweder getötet oder selbst schwer verletzt wurden.

Wo die Flucht vor unangenehmen Dingen nicht möglich ist, wird geleugnet. Wenn dann endlich auch das Ableugnen vor offensichtlichen Tatsachen nichts mehr hilft, dann heißt es zur Entschuldigung: „Ich habe das doch nur gesagt, weil ich dir nicht weh tun wollte." Es gibt allerdings noch eine dritte Möglichkeit: Das ist der plötzliche Umschlag in unvermutete Aggressivität, zu dem die sonst so sanftmütigen Thais fähig sind, wenn sie sich durch unangenehme Tatsachen in die Ecke gedrängt fühlen. In diesem Falle ist es für den klugen *Farang* besser sich zurückzuziehen, egal ob es sich um eine Auseinandersetzung mit einem Taxifahrer oder mit der eigenen Frau handelt.

Überhaupt enden verbale Ringkämpfe zwischen einem Deutschen und einem bzw. einer Thai sehr häufig in einer Sackgasse, weil die beiden Partner auf verschiedenen Ebenen, bzw. mit unterschiedlichen Zielsetzungen debattieren. Deutsche wollen grundsätzlich immer Recht haben; Thais hingegen wollen nie zugeben, wenn sie etwas falsch gemacht haben, weil sie Angst haben, dann ihr Gesicht zu verlieren.

Wenn man einem Thai etwas begreiflich machen will oder von ihm verlangt, irgend etwas zu tun oder zu lassen, hat es wenig Zweck zu versuchen, dies mit abstrakten Erklärungen zu begründen. Er wird es aber sofort begreifen, wenn man einen für ihn verständlichen, weil nützlichen Grund angibt. So hat es zum Beispiel wenig Sinn meiner Amphan begreiflich zu machen, daß ich mich an die Schreibmaschine setze, weil ich gewohnt bin zu arbeiten oder weil mir das Nichtstun zu langweilig wird. Wenn ich ihr aber sage, daß ich für das, was ich da schreibe später Geld bekomme, das ich dann wieder ihr geben und sie sich dafür etwas kaufen kann, dann hat sie das nicht nur sofort begriffen, sondern wird mir zur Motivierung ein kühles Bier bringen und wenn ich aufhöre zu schreiben, fragen, warum ich denn heute so faul sei.

Noch ein für den Besucher wichtiger Punkt ist hier festzuhalten. Thais, die mit *Farang*s zu tun haben, werden zwar oft versuchen, aus diesen für ihre Begriffe reichen Leuten möglichst viel Geld rauszuholen, auf gut Deutsch, die normalerweise geforderten Preise zu verdoppeln. Die Gefahr bestohlen oder beraubt zu werden ist in Thailand aber für den Touristen wesentlich geringer als z. B. in Italien. Thailand ist für den Besucher wohl eines der sichersten asiatischen Länder, vielleicht mit Ausnahme von Singapur. Einschränkend ist hier allerdings zu sagen, daß sich in letzter Zeit in Pattaya, dem Zentrum des Touristenrummels, auch Angehörige der europäischen Mafia eingenistet haben.

Wer näher mit Thais zu tun hat oder im Lande umherreist, dem wird manchmal aufstoßen, wie wenig Rücksicht der Durchschnitts-Thai auf seine Mitmenschen nimmt, was gar nicht in das Bild der immer freundlichen Thais paßt. Auch hier gelten andere Regeln als bei uns. Thais sind ausgesprochene Individualisten. Sofern der andere nicht gerade zur Familie gehört und dort seinen bestimmten Status hat, ist er im Leben der Thais nicht eingeplant. Er wird nur dann wahrgenommen, wenn man sich einen gewissen Vorteil davon verspricht, egal ob in Geld oder in Prestige. Das ist keine wohlüberlegte Absicht, sondern entspringt der Tradition und wohl auch der buddhistischen Lehre, wonach der einzelne für den richtigen Weg nur auf sich selbst angewiesen und nur sich selbst verantwortlich ist. Wenn einem also jemand gedankenlos mit seinem Motorrad den Weg versperrt oder die Bedienung einem das Essen ohne Löffel und Gabel hinstellt, hat es keinen Zweck, sich zu entrüsten oder gar laut zu werden. Wenn man den oder die Thai freundlich bittet, den Weg freizugeben oder das fehlende Besteck zu bringen, wird er oder sie ebenso so freundlich mit einem „*khao toht*" (Entschuldigung) unserer Bitte entsprechen. Wird man aber laut, dann fühlt der Thai sich schnell beleidigt und benimmt sich dementsprechend.

Schließlich ist es gut, sich beim täglichen Umgang mit Thais darüber klar zu sein, daß für sie unsere Gesetze der Logik nur beschränkt gelten. Ein Thai denkt bei seinem Tun und Lassen weniger an die kurz- und schon gar nicht an die längerfristigen Folgen, sondern vor allem an den Augenblick und an sein „Gesicht". Er wird sein Tun oder Lassen weniger danach ausrichten, was nach unserem Verständnis vernünftig oder logisch ist, sondern zunächst danach, was ihm „Gesicht" verleiht.

Wenn die Thailand besuchenden *Farang*s oft sagen, „Thais sind wie Kinder", dann rührt das vor allem daher, daß bei Thais Gefühle und Verstand grundsätzlich in Übereinstimmung sein müssen. Anders gesagt, sie handeln mehr aus dem Bauch heraus als nach dem Verstand, wie wir *Farang*s es eben nur Kindern zugestehen. Allerdings muß man auch berücksichtigen, daß die *Farang*s vor allem mit Thais in Kontakt kommen, die auch für thailändische Verhältnisse sehr wenig Bildung, bzw. Ausbildung haben. Die meist aus dem armen Nordosten Thailands stammenden Girls in den Bars haben schon als Kinder auf den Feldern mitarbeiten müssen und hatten kaum Zeit zum Spielen. Das holen sie jetzt an den Bars, vor der Theke sitzend oder den *Farangs* die Zeit vertreibend, einfach nach.

Die Obrigkeit

Das ist ein weitgefaßter Begriff. Hierunter fallen all die Leute, die in Thailand etwas zu sagen haben, vom König bis zum letzten Dorfpolizisten. In Thailand herrscht von alters her bis heute eine ausgesprochen hierarchisch ausgerichtete Gesellschaftsordnung, mit dem König an der Spitze der Pyramide. Jeder staatliche Angestellte, vom Ministerpräsidenten (bei wichtigen Anlässen) bis zum Mädchen am Postschalter, trägt noch heute eine militärähnliche Khakiuniform, mit Rangabzeichen und Orden. Beim Kontakt mit Dienststellen z.B. bei der Polizei oder bei der Ausländerbehörde, hat man oft mit Leuten zu tun, die man zumindest dem Aussehen und der Ordensspange nach in Deutschland als General einschätzen würde. Für den kundigen Thai wird aber durch den ganzen Aufputz die Stellung in der Hierarchie auf den ersten Blick klar.

Diese durch Äußerlichkeiten auch sichtbar dokumentierte hierarchische Ordnung bedeutet allerdings nicht, daß die Thais nun besonders obrigkeitshörig wären oder die Untertanen alles, was von oben kommt, geduldig hinnähmen. Fast jeden Tag liest man in der Zeitung von Demonstrationen irgendwelcher unzufriedener Gruppen vor Ministerien oder Provinzverwaltungen, die gegen bestimmte Mißstände oder empfundene Ungerechtigkeiten protestieren. Dagegen würde niemand je ein Wort der Kritik am König äußern.

Thailand ist eine konstitutionelle Monarchie mit einer schriftlich festgelegten und an westlichem Demokratieverständnis ausgerichteten Verfassung. Der König genießt jedoch wesentlich mehr Ansehen und hat im eigenen Land eine größere Bedeutung als z.B. die Königinnen von England oder Holland und die Könige von Schweden oder Spanien. Daß der König als Person vom ganzen Volk verehrt wird, ist wohl nicht zuletzt seiner ununterbrochenen Medienpräsenz zuzuschreiben. Da erscheint allmorgendlich um 8 Uhr und jeden Abend um 18 Uhr der König unter Abspielen der Nationalhymne auf allen Fernsehschirmen. Im Kino, vor Beginn des Hauptfilms, erheben sich alle Zuschauer beim Abspielen der Nationalhymne, wobei natürlich wieder der König auf der Leinwand erscheint. Ein Großteil der täglichen Nachrichten ist den guten Taten gewidmet, die vom Königshaus verrichtet wurden. Zudem ist der König auf jeder Banknote und jedem Geldstück abgebildet. Die Thais lernen von Kindheit an, wo in der Schule jeden Morgen unter gemeinsamem Absingen der Nationalhymne die Fahne gehißt wird, daß der König für alles steht, worauf die Thais stolz sein können. In jedem Thai-Haushalt, selbst in der ärmlichsten Hütte, hängt ein Bild des Königs oder zumindest ein Kalender mit dem Bild eines Mitglieds der königlichen Familie an der Wand. Die Verehrung des Königs hat auch religiösen Charakter, da der König die oberste religiöse Instanz ist. Es gibt in Thailand zwar keine Zensur, aber ein Pressegesetz verbietet bei strengen Strafen jede negative Kritik am Königshaus. Einem Thai würde es z. B. nicht einfallen, eine mit dem Kopf des Königs geschmückte Briefmarke verkehrt herum auf den Brief zu kleben, denn das wäre schon eine kleine Majestätsbeleidigung. Einem *Farang* wird man einen derartigen Fauxpas zwar nachsehen, doch kann es passieren, daß der Beamte am Postschalter die auf einem abgegebenen Brief falsch aufgeklebte Marke vorsichtig ablöst und mit einem nachsichtigen Lächeln richtig herum wieder aufklebt.

Die Politik wird zwar vom Parlament und der jeweiligen Regierung gemacht, wobei das Militär im Hintergrund stark die Fäden zieht, in kritischen Situationen ist der König aber eine von allen Parteien anerkannte Autorität. Als z.B. im Frühjahr 92 nach dem Generalsputsch Thailand kurz vor dem Bürgerkrieg stand und schon ein paar hundert Tote in den Straßen von Bangkok lagen, genügte ein Machtwort des Königs, um das Morden zu beenden. Es war ein unglaubliches Bild, als - über alle Fernsehstationen ausgestrahlt - die beiden verfeindeten Generäle als Repräsentanten der gegnerischen Gruppen, vor dem König kniend sich die Hände reichten und versprachen, auf jede weitere Gewaltanwendung zu verzichten. Allerdings mutet es dem *Farang* für das Ende des 20.Jahrhunderts etwas anachronistisch an, wenn er bei jeder Gelegenheit im Fernsehen erleben kann, wie bei feierlichen Anlässen selbst hochgestellte Würdenträger wie Ministerpräsident und Generäle, nicht nur vor dem König, sondern auch vor den Prinzen und Prinzessinnen niederknien, um Urkunden in Empfang zu nehmen oder Geschenke zu überreichen. Angehörige der Adelshierarchie gibt es in Thailand eine ganze Menge. Auch wenn sie heute vielleicht nicht mehr so einflußreich sind wie früher, so besitzen sie doch immer noch große Ländereien und Vermögen. Jede Firma bemüht sich, irgendeinen Prinzen oder prinzlichen Nachkommen im Aufsichtsrat zu haben. Was diese Nachkommen betrifft, so haben die thailändischen Könige eine sehr pragmatische und von der Titelerbfolge in anderen Ländern stark abweichende Regelung gefunden: Es gibt unterhalb des Königs insgesamt 4 Adelsklassen, etwa vergleichbar bei uns mit Prinzen, Fürsten, Grafen und Baronen. Alle Kinder, die den Eltern einer Adelsklasse geboren werden, erhalten nur den Titel der nächstniederen Adelsklasse, so daß nach 4 Erbfolgen der Adelstitel weg ist. Auf diese Weise wurde verhindert, daß bei der Vielzahl von Prinzen, die die früheren thailändischen Könige mit jeweils mehreren Gattinnen zeugten, über mehrere Generationen hinweg der nichts produzierende und von der Arbeit des gemeinen Volkes lebende Adel überhandnahm.

Was nun die Verwaltung betrifft, so tut man diesem schönen Lande sicher kein Unrecht an, wenn man feststellt, daß alle Leute, die etwas zu entscheiden haben, von den Ministern bis zum kleinen, Strafmandate verteilenden Polizisten, offene Hände haben, also nach unseren deutschen Begriffen mehr oder weniger korrupt sind. Dieses Problem wird auch in den Zeitungen ständig diskutiert. Beim letzten Putsch 1992 setzte eine Generalsclique die parlamentarische Regierung als angeblich korrupt ab und beschlagnahmte die Vermögen der als "außergewöhnlich reich" befundenen Regierungsmitglieder. Inzwischen sind aber die damals verhafteten und teilweise ins Exil geschickten Politiker alle wieder in leitender Stellung oder als führende Parteifunktionäre tätig und ihr Vermögen haben sie auch alle wieder, ohne jemals erklärt zu haben, wie sie in wenigen Jahren daran gekommen sind.

Nun gelten in Asien über das, was man bei uns so allgemein als Korruption bezeichnet, grundsätzlich andere Vorstellungen als in Europa. Regierungsmacht heißt, die Hebel in der Hand zu haben, mit denen Geld gemacht werden kann. Und da Regierungsmacht, vor allem in Demokratien, relativ schnell wechseln kann, muß man sich eben beeilen, wenn man nicht zu kurz kommen will.

In Thailand hat sich in den letzten 20 Jahren im Schnitt keine Regierung länger als zwei Jahre gehalten. In dieser relativ kurzen Zeitspanne muß der Minister oder politisch engagierte Beamte danach trachten, sich ein ausreichendes Vermögen zu schaffen. Mit seinem Gehalt ist das unmöglich, denn das ist nicht viel höher als bei uns das Gehalt eines gehobenen Facharbeiters. Also müssen alle Firmen, die einen von der Verwaltung zu vergebenen Auftrag erhalten wollen, ein entsprechendes Eintrittsgeld zahlen, in Thailand sinnigerweise *Tee-Geld* genannt. Bei großen, über viele Millionen laufenden Verträgen, wie z.B. der Einrichtung eines neuen Telefonnetzes in Bangkok, dem Bau von auf Stelzen quer durch die Stadt geführten Hochstraßen oder gar dem legendären U-Bahn-Vorhaben, bei denen die Vorverhandlungen schon viele Jahre dauern, müssen die interessierten Firmen bei jedem Regierungswechsel erneut mit den Zahlungen anfangen, was dann schließlich dazu führt, daß die Anbieter das Interesse verlieren und gar nichts geschieht.

Was für die Großen gilt, trifft in entsprechendem Maßstab auch für die Kleinen zu. Wenn man in Thailand bei einer Verkehrskontrolle auffällt, gibt es in der Regel zwei Möglichkeiten. Entweder man bezahlt sofort, je nach Schwere des Vergehens 100 - 500 Baht (das sind etwa 7 - 35 DM) ohne Quittung oder man bekommt eine Strafanzeige, die dann allerdings wesentlich teurer wird und mehr Ärger verursacht.

Um zu verhindern, daß die Korruption bei der Polizei soweit ausufert, daß alles in die Taschen der Ordnungshüter fließt, hat sich die Regierung eine typisch thailändische Lösung ausgedacht. Ab 1.1.95 erhält die Polizei von allen eingezogenen Straf- und Bußgeldern 75 %, die dann nach einem internen Schlüssel von oben nach unten verteilt werden. Auf diese Weise bleiben wenigstens noch 25 % für den Staat (oder für die Minister ?) übrig.

Dabei muß man sich hüten, vor allem bei den kleinen Leuten die Angelegenheit mit unseren Maßstäben zu messen. Ein einfacher Verkehrspolizist in Bangkok bekommt ein Gehalt von etwa 8.000 Baht (ca. 500 DM) im Monat.

Damit muß er nun seine Familie durchbringen, wobei zwar Nahrungsmittel und Wohnungsmieten allgemein nur etwa halb so teuer sind wie bei uns, andere, nicht in Thailand hergestellte Gebrauchsgüter wie Elektrogeräte, Fahrzeuge, u.s.w. aber erheblich teurer kommen. Dem Polizisten bleibt also gar nichts anderes übrig, als zu sehen, wie er zusätzlich an ein paar Baht kommt, vor allem wenn er dann auch noch Kinder auf eine schulgeldpflichtige Oberschule schicken will. Und da das Leben insbesondere für Thais nicht nur aus Arbeit, sondern vor allem auch aus *Sanuk* besteht, will auch das finanziert werden. Hierzu eine kleine Geschichte, die meinem Freund Hans, oder - da er vom anderen Ufer ist - auch Hansi genannt, mit der Polizei widerfuhr:

Hansi war als Aussteiger von Deutschland nach Phuket gekommen, hatte sich von dem mitgebrachten Geld zwei Motorräder gekauft und betrieb nun an der Uferstraße in Patong-Beach einen Motorradverleih für *Farang*s. Da er selbst als Ausländer mit Touristenvisum in Thailand keine Tätigkeit ausüben durfte, lief das Geschäft auf den Namen seines Thai-Freundes. Wenn nun ein *Farang* ein Motorrad mieten will, muß er in der Regel seinen Paß vorlegen, aus dem dann alle Angaben notiert werden und einen vorgedruckten Mietvertrag unterschreiben. Eines Tages hatte Hansis Thai-Freund nun das beste Stück, eine 250er Suzuki, an einen Thai verliehen, ohne sich irgend etwas zu notieren. Als der Knabe nun, wie gleich zu vermuten war, das Motorrad nicht zurückbrachte, blieb Hansi nichts anderes übrig, als die Maschine bei der Polizei als gestohlen zu melden, ohne viel Hoffnung sie jemals wiederzusehen.

Völlig unerwarteterweise erschien nach ein paar Wochen ein Polizist in Hansis Wohnung, um ihm mitzuteilen, daß die gestohlene Maschine aufgefunden worden war und in der zuständigen Polizeistation stand. Am nächsten Tag zog Hansi also mit seinem Kraftfahrzeugbrief und den Kaufunterlagen zur Polizeistation, um sein Eigentum wieder in Empfang zu nehmen. Tatsächlich stand seine Maschine auch dort in einem Schuppen, zwar um 10.000 Kilometer älter, aber sonst ziemlich unbeschädigt. Die Polizei hatte sie bei einer Razzia im Zuge einer Rauschgiftfahndung zufällig entdeckt und kurzerhand konfisziert, da der Verdächtige den Kauf der Maschine nicht nachweisen konnte. Ein fleißiger Polizist hatte dann beim Vergleich der Motornummer mit der Liste der als gestohlen gemeldeten Fahrzeuge tatsächlich herausgefunden, wem das gute Stück gehörte. Als Hansi nun aber auf der Polizeistation erschien und die Maschine unter Vorlage seiner Unterlagen wieder mitnehmen wollte, belehrte ihn ein freundlicher, einige Worte englischsprechender Polizist, daß da erst noch ein Formular auszufüllen sei, natürlich in Thai. Er wollte ihm aber gerne dabei helfen, nur nicht jetzt, sondern erst nach Feierabend.

Hansi, der den guten Rat eines schon besser mit den örtlichen Verhältnissen vertrauten Bekannten, bei der Polizei einfach 3.000 Baht auf den Tisch zu legen, als unmoralischen Bestechungsversuch zurückgewiesen hatte, denn schließlich handelte es sich doch nur um sein unbestrittenes Eigentum, merkte jetzt langsam, worauf die Sache hinauslief. Was blieb ihm aber anderes übrig, er lud den freundlichen Polizisten also für den Abend in ein von diesem vorgeschlagenes Restaurant ein, um bei einem kleinen Mahl mit Umtrunk die lästigen Formalitäten zu erledigen. Er war allerdings ziemlich überrascht, als er abends merkte, daß es sich bei dem vorgeschlagenen Restaurant um eines der besten und natürlich auch teuersten Häuser am Ort handelte.

Als er in dem Lokal ankam, war der freundliche Polizist noch nicht da, erschien aber ein paar Minuten später, sagte daß er noch mal kurz zur Polizeistation müßte und fragte Hansi höflich, ob er evtl. auch noch ein paar Kollegen mitbringen dürfte. Was blieb Hansi also anderes übrig als mit saurem Gesicht „ja“ zu sagen, denn er wollte schließlich sein Motorrad wiederhaben. Bevor der freundliche Polizist nun ging, um seine Kollegen zu holen, sprach er noch ein paar Worte mit dem Wirt, der Hansi daraufhin in ein leeres Nebenzimmer des Lokals komplimentierte. Langsam schwante Hansi Schlimmes. Er fiel aber fast vom Stuhl, als nach einer Viertelstunde fröhlich 15 Polizisten hereinmarschierten und an seinem Tisch Platz nahmen. Und dann trug der Wirt alles auf was gut und teuer war: Langusten und Krebse, verschiedene Sorten gebratenes Fleisch, Reis und Gemüse und zum Schluß verschiedene Süßspeisen. Getrunken wurde auch kräftig, und zwar nicht der landesübliche Thai-Schnaps, sondern importierter Whisky und ebensolche Biere in großen Flaschen. Es war eine richtig schöne Party, nur nicht für Hansi, der mit Grausen an die Rechnung dachte. Als er den freundlichen Polizisten schüchtern an den ursprünglichen Zweck der fröhlichen Veranstaltung erinnerte, nämlich an das gemeinsame Ausfüllen des Formulars, war dieser der Meinung, daß man sich den schönen Abend doch nicht durch geschäftliche Dinge verderben sollte, das könne man auch noch am nächsten Tag auf der Polizeistation erledigen.

Als zum Schluß endlich die Rechnung kam, belief sie sich auf knapp 15.000 Baht (ca. 1.000 DM). Da Hansi soviel Geld natürlich nicht bei sich hatte, erklärte sich der freundliche Polizist aber dem Wirt gegenüber bereit, für Hansi zu bürgen. Er hatte ja schließlich noch das Motorrad als Pfand. Beim Abschied bedankte sich jeder Polizist einzeln höflich für die Bewirtung Am nächsten Morgen zog Hansi also zur Bank, plünderte sein Konto, zahlte die Rechnung des fröhlichen Abends und konnte dann, gegen Vorlage der bezahlten Rechnung, nun endlich seine Maschine im Empfang nehmen. Von dem bewußten Formular war überhaupt nicht mehr die Rede.

Als ein anderer Bekannter, der schon länger in Thailand wohnt und in einem Touristenort an der Küste eine Bar betreibt, einen kleinen Unfall hatte, an dem ein Thai mit einem Moped beteiligt war, kam ihn das teuer zu stehen. Nicht nur daß er, wie allgemein üblich, als *Farang* die Schuld hatte und für den Schaden samt Schmerzensgeld aufkommen mußte: Die den Unfall aufnehmenden Polizisten stellten auch fest, daß sein deutscher Führerschein hier nicht gültig war, was ein weiteres saftiges Bußgeld kostete. Um dieser Gefahr in Zukunft zu entgehen, beschloß er also einen thailändischen Führerschein zu machen. Dazu war natürlich zunächst eine ordentliche Führerscheinprüfung abzulegen, was dann folgendermaßen vor sich ging:

Zunächst war eine amtliche Gesundheitsprüfung erforderlich. Er ging also zum zuständigen Arzt, der ihm, ohne ihn auch nur näher anzusehen, amtlich bescheinigte, daß er gesundheitlich voll zum Führen eines Kraftfahrzeuges in der Lage sei und natürlich die entsprechende Gebühr kassierte. Dann ging es zur eigentlichen Prüfung. Nach freundlicher Begrüßung händigte ihm der Prüfer einen Fragebogen aus, in dem zu ca. 30 Fragen jeweils eine von drei alternativen Antworten in einem Kästchen anzukreuzen war. Damit die Prüfung für den *Farang* aber nicht zu schwer wurde, hatte der freundliche Prüfer die richtigen Kästchen schon mit dem Bleistift angekreuzt, so daß der Prüfling sie nur noch mit dem Kugelschreiber nachzuziehen brauchte. Zum praktischen Teil der Prüfung mußte er dann sein auf dem Hof geparktes Fahrzeug aus der Parklücke fahren, eine Runde um den Häuserblock machen und dann wieder einparken, wobei der Prüfer aus dem Fenster zusah. Nach Vollbringung dieses Fahrkunststückchens, gratulierte ihm der Prüfer zur bestandenen Führerscheinprüfung, und händigte ihm nach Erstattung der amtlichen Gebühren plus eines angemessenen *Tee-Gelds* das Dokument aus.

Man darf aber das, was wir als Korruption bezeichnen, in Thailand nicht einfach mit unseren Maßstäben messen. Es ist sozusagen ein Teil der Landessitten. Wenn jemand dem anderen einen Dienst erweist, kann er füglich erwarten, dafür belohnt zu werden. Der Umstand, daß er als Staatsbediensteter ja schon ein Gehalt bezieht, zählt bei der Geringfügigkeit dieser Summe lediglich als Anwesenheitsprämie.

Eine interessante Entschuldigung für die gerade bei der Polizei übliche Art und Weise, sich außerhalb der Legalität Nebeneinnahmen zu verschaffen, habe ich vor einiger Zeit in der *Bangkok Post* gelesen: Wenn die Regierung das Heer von öffentlichen Bediensteten so bezahlen würde, daß jeder vernünftig davon leben könnte, dann müßten Steuern und Abgaben beträchtlich erhöht werden. Das würde dann alle Bürger treffen, während das übliche *Tee-Geld* nur den belastet, der die Dienste der Verwaltung tatsächlich in Anspruch nimmt.

Die so oft beklagte Korruption ist in Thailand aber auch so etwas wie ein Gegengewicht gegen eine zu starke Regulierung durch den Staat. Thais sind als Individualisten von Hause aus antiautoritär. Je mehr Gesetze und Regelungen immer mehr behördliche Genehmigungen erfordern, desto größer wird die Notwendigkeit, durch die Zahlung eines sogenannten *Tee-Geldes* diese Regelungen des anonymen Staats zu umgehen und sich den erforderlichen Freiraum zu schaffen. Andererseits hat dies aber auch dazu geführt, daß Bangkok heute am eigenen Wildwuchs fast erstickt, weil die zur Regelung einer ordnungsgemäßen Bebauung und einer funktionierenden Infrastruktur erforderlichen Gesetze und Verordnungen von kapitalkräftigen Geschäftsleuten und Interessengruppen durch entsprechende Schmiergeldzahlungen laufend blockiert oder umgangen werden.

Der Wai

Das ist die graziöse Begrüßungs- oder auch Danksagungsgeste der Thais. Sie wird ausgeführt, indem man die mit den Handflächen zusammengelegten Hände langsam nach oben vor die Brust oder - wenn man besondere Verehrung ausdrücken will - vor das Gesicht führt, und dabei den Kopf etwas neigt. Der *Wai* wird grundsätzlich zuerst von der im Status niederstehenden der höherstehenden Person oder vom Personal eines Restaurants oder Hotels den Gästen gegenüber erwiesen. Der Fremde begegnet dieser schönen Sitte meist zum ersten Male, wenn er eine Maschine der Thai Airways oder ein gutes Hotel in Thailand betritt und macht dann als höflicher Mensch oft den kapitalen Fehler, den *Wai* zurückzugeben.

Für die Entbietung dieses Grußes, bzw. für seine Erwiderung, gelten nämlich in der Thai-Gesellschaft bestimmte Regeln, die ein *Farang* in der Regel nur schwer begreift. So zeigt etwa die Höhe, bis zu der man die Fingerspitzen erhebt, an, welchen sozialen Status man dem anderen zubilligt. Um sich nun nicht zu blamieren, sollte der *Farang* beim *Wai* folgendes beachten:

Zunächst wird man den *Wai* als erster nur den im Status höhergestellten Leuten entbieten, also z.B. dem Chef, einem hohem Behördenvertreter, einer ehrwürdigen älteren Person (z.B. den Schwiegereltern) oder aber Mönchen, die unabhängig vom Lebensalter in der Thai-Gesellschaft für die Zeit, in der sie die gelbe Kutte tragen, den höchsten sozialen Status einnehmen. Sogar der König wird einem Mönch den *Wai* zuerst entbieten, den dieser grundsätzlich nicht zurückgibt.

Bei Kindern und Dienstleistungspersonal erwidert man den *Wai* grundsätzlich nicht, sondern antwortet lediglich mit einem leichten Kopfnicken. Auf keinen Fall darf man sich für eine erwiesene Dienstleistung, z.B. beim Hotelpersonal, mit einem *Wai* bedanken, da sich derjenige nicht nur veralbert fühlen, sondern ihm das auch noch Unglück bringen würde.

Überhaupt wird der *Wai* in Thailand viel weniger praktiziert als man als *Farang* gewöhnlich annimmt. In der vornehmen Gesellschaft von Bangkok mag es vielleicht anders sein, aber auf dem Land werden die Nachbarn höchstens bei feierlichen Anlässen, also z.B. bei der Einladung zu einem Fest, mit dem *Wai* begrüßt. Kommt man allerdings bei irgendeiner Gelegenheit mit einem Mönch in Kontakt, dann ist der *Wai* immer angebracht.

Jedem *Farang*, der Thais bei einem geschäftlichen oder privaten Treffen mit einem höflichen *Wai* begrüßt, wird es nicht selten widerfahren, daß der andere versucht, ihm zur Begrüßung nach westlicher Art die Hand zu schütteln, woraus sich dann meist eine ziemlich komische Situation ergibt. Als immer richtige Regel kann man angeben, daß ein *Farang* - ausgenommen bei verehrungswürdigen Personen - nie zuerst mit dem *Wai* grüßen sollte. Entbietet der andere zuerst den *Wai*, dann kann man ihn entweder mit einem etwas schwächeren *Wai* erwidern oder freundlich leicht mit dem Kopf nicken, beides ist in Ordnung und wird als höfliche Geste aufgefaßt. Auf keinen Fall den *Wai* zurückgeben darf man an Bedienstete, Kinder oder aber, wenn sich ein Thai mit einem *Wai* für etwas bedankt.

Abzuraten ist auch davor, den *Wai* mit einer gefüllten Bierflasche in der Hand zu versuchen, eine Situation, in die man z. B. bei einer Party oder in einer Bar leicht kommen kann. Je nach Neigung der Flaschenöffnung und Höhe bis zu der man die gefalteten Hände mit der dazwischen festgehaltenen Bierflasche hebt, wird sich der Inhalt entweder in den eigenen Hemdausschnitt oder über die Hose, bzw. den Rock der so freundlich begrüßten Person ergießen.

Der *Wai* wird nicht nur gegenüber Personen gebraucht, sondern ebenso für alle verehrungswürdigen Objekte, also vor allem Buddha-Standbilder. Wenn man in einem Reisebus sitzt, wird man immer wieder sehen, daß die Thais im Bus durchs Fenster einen *Wai* machen, wenn der Bus an einem Tempel oder an einem verehrungswürdigen Buddha-Schrein vorbeifährt.

Den Verfall der Sitten in Touristenorten kann man heute auch daran sehen, daß noch vor 10 Jahren, wenn der von Phuket-Town zum Hauptstrand Patong-Beach fahrende Bus am höchsten Punkt der Straße an einem Buddha-Schrein vorbeifuhr, fast alle Thais im Bus den *Wai* machten. Heute sind es nur noch ein paar, meist die Alten, die im Bus diese Ehrfurchtsgeste entbieten.

Unter gewissen Umständen kann für den armen Touristen diese schöne Sitte haarsträubend werden, z.B. an der verkehrsreichsten Kreuzung Bangkoks, vor dem Erawan-Hotel, wo die Rotphase der Verkehrsampel manchmal mehr als 10 Minuten dauert. Da kommt es schon mal vor, daß der Taxi- oder *Tuk-Tuk*-Fahrer vor dem Umspringen der Ampel auf Rot gerade noch schnell mit quietschenden Reifen auf zwei Rädern um die Kurve jagt und dabei dann beide Hände vom Steuer nimmt, um dem an der Ecke stehenden wundertätigen Standbild des Gottes Brahma einen *Wai* zu erweisen.

Etwas seltsam mutet es dem *Farang* auch an, wenn in einer Striptease-Bar auf der Patpong Road, die Mädchen, wenn sie auf die Bühne steigen um sich zu präsentieren, zunächst einen *Wai* zu dem in der Ecke des Lokals hängenden Hausaltar mit dem Buddha-Standbild machen. Ob sie nun den Buddha um Vergebung für das bitten wollen, was sie im Begriff sind zu tun oder darum, daß er ihnen heute abend einen guten Gast bescheren möge, wissen sie wahrscheinlich selber nicht. Sicher wollen sie beides.

Höflich und freundlich sind die Thais aber auch ohne *Wai*. Es wäre ein Fehler zu denken, daß das reizende Blumenmädchen, das einen an der Straßenecke mit einem strahlenden Lächeln ansieht, nun über beide Ohren in einen verliebt sei und zu versuchen, mit ihr anzubandeln. Was man aber darf, ist genauso freundlich zurücklächeln. Das wird zum einen die eigene Stimmung heben, zum anderen wird das Lächeln des netten Mädchens noch um eine Nuance strahlender werden.

Da die Thais gewohnt sind, in jeder Situation zu lächeln, sind sie oft der falschen Meinung, daß der gelangweilt oder mürrisch aussehende *Farang* - weil er gerade keinen Grund zum Lächeln sieht - wegen irgend etwas sauer sei. Prompt kommt dann die Frage, ob man dem anderen böse sei.

Kritik

Mit Kritik, sowohl über das Land als auch mit persönlicher Kritik, sollte man bei den Thais vorsichtig sein. Gewiß kann man über die Hitze stöhnen, über die Autoabgase und die Überflutungen in Bangkok und auch über die Polizei (nur nicht einem Polizisten gegenüber). Schließlich klagen die Thais bei jeder Gelegenheit selbst über all diese unerquicklichen Dinge. Vorsichtig muß man aber sein, wenn man die sozialen Verhältnisse in diesem Land kritisiert, die ja sicherlich für unsere Begriffe in vielen Dingen sehr rückständig sind. Ganz empfindlich sind die Thais gegen Kritik am König und gegen alles was mit Buddha und dem Mönchstum zu tun hat. Thais haben einen sehr ausgeprägten Nationalstolz. Selbst der mittellose Arbeiter, der sich für ein oder zwei Jahre nach Saudi-Arabien verdingt, ist stolz darauf, als Thai geboren zu sein und sieht auf die Araber herab.

Empfindlich sind die Thais vor allem gegen persönliche Kritik. Sie sind es gewohnt, daß man Kritik jemandem gegenüber nicht direkt äußert. Wenn man einen Thai, womöglich in Gegenwart anderer Leute kritisiert, dann könnte er sein „Gesicht verlieren“, eine ganz böse Sache für einen Thai. Dann kann es vorkommen, daß er ausrastet und völlig überzogen reagiert.

Höflichkeit

Von unserem ständigen konventionellen „danke“ und „bitte“ halten die Thais nicht viel. Ein Thai wird sich nur dann mit dem förmlichen Dankeschön *„korb kuhn kab“* bedanken, wenn er wirklich etwas bekommen hat, wofür er dem anderen Dank schuldet, also nicht etwa, wenn einem der Verkäufer an der Kasse das Wechselgeld herausgibt. Auch wenn er etwas haben möchte, z.B. daß man ihm bei Tisch die Reisschüssel hinüberreicht, wird er kaum bitte sagen, sondern sich mit der Aufforderung *„khao“*, also Reis, begnügen. Das klingt für unsere Begriffe unhöflich, ist für den Thai aber der normale Umgangston, zumindest außerhalb der feineren Kreise. Ein Thai wird es auch komisch finden, wenn wir auf die bei uns übliche Art, beim Einstieg in einen Hotel-Fahrstuhl allen Leuten, die darin sind und die wir gar nicht kennen, einen guten Tag wünschen und dann zwei Etagen tiefer, beim Verlassen des Fahrstuhls, den gleichen unbekannten Leuten noch einmal auf Wiedersehen sagen.

Ähnlich ist es mit förmlichen Begrüßungen innerhalb der Familie. Man sagt sich morgens nicht Guten Morgen, sondern lächelt sich nur kurz an oder nickt mit dem Kopf, wenn man sich zum ersten Mal am Morgen trifft.

Andererseits wird einem von Thais - auch von völlig Fremden - immer wieder angeboten, ihr Essen zu teilen. Egal ob sich ein Mitpassagier im Bus etwas Obst oder irgend etwas Undefinierbares auf einem Pappteller gekauft hat, er wird dem *Farang,* der neben ihm sitzt etwas davon anbieten. Wenn ich beim Spazierengehen etwa an Feldarbeitern vorbeikomme, die am Wegrand sitzen und etwas essen, werde ich unweigerlich eingeladen, mich hinzuhokken und mitzuessen und vor allem mitzutrinken, auch wenn ich die Leute gar nicht kenne.

Trifft man unterwegs irgend jemanden, wird er fragen „*pai nai*?", was soviel heißt wie: „Wo gehst du hin?" Natürlich will er dabei nicht unbedingt wissen, wohin ich wirklich gehe, sowenig wie der Amerikaner, der jeden mit „How are you?" begrüßt, nun wirklich genau wissen will, wie es dem anderen tatsächlich geht. Es ist eine typische Höflichkeitsfloskel und es reicht völlig, wenn ich erwidere „*pai tio*", das heißt „spazieren."

Die Höflichkeit der Thais zeigt sich in anderer Form, unter anderem darin, daß höfliche Leute jeden einzelnen Satz mit dem Wort „*kab*" (für Männer) bzw. „*ka*" (für Frauen) abschließen, was nichts anderes als „Danke" bedeutet. Als ich mich aber einmal in einem Restaurant bei jedem Gang, den die Bedienung auf den Tisch stellte, nach guter deutscher Sitte bedankte, mußte ich mir von Amphan sagen lassen, daß ich wieder etwas falsch gemacht hatte. Schließlich tat das Mädchen das ja nicht mir zu Gefallen, sondern wurde für ihre Arbeit bezahlt. Ein anständiges Trinkgeld am Schluß sei also weit angebrachter, als das ständige blöde Dankeschön, jedesmal, wenn die Bedienung uns etwas auf den Tisch stellte.

Zusammenfassend und als Tip für den *Farang* ist zu den ganzen mehr oder weniger förmlichen Höflichkeitsfloskeln zu sagen, daß die Thais im täglichen Umgang viel weniger Gebrauch davon machen als wir und es lieber bei einem freundlichen Lächeln belassen.

Man kann allerdings in den Touristenorten auch manchmal Typen antreffen, die meinen, daß jede Andeutung von Höflichkeit einem *Farang* gegenüber, schon ein Gesichtsverlust ist. Bei diesen negativen Ausnahmen - meist sind es Taxifahrer, Bootsvermieter oder Leute, die einem etwas andrehen wollen - handelt es sich um Thais, die ohne jede Ausbildung vom Land oder aus den Slums Bangkoks kommend, plötzlich mit den für sie natürlich immens reichen, aber in ihrem Benehmen unverständlichen *Farang*s zusammentreffen. Da sie überhaupt kein Verständnis dafür haben, daß der *Farang* für sein Geld auch eine angemessene Leistung erwartet, reagieren sie ruppig, wenn der Tourist nicht so will wie sie, z.B. wenn er etwa einen unsinnig überhöhten Preis nicht zahlen will. Hier ist es immer angeraten, sich nicht aufzuregen, sondern den Kontakt schnell zu beenden und zu gehen.

Es ist gar nicht so einfach zu erklären, was den europäischen Mann denn nun an einer Thai-Frau, mit der er als *Farang* ja normalerweise nur in einem Restaurant oder in einer Bar in Kontakt kommt, so besonders anzieht. Zu der Zeit als ich zum ersten Mal nach Thailand kam und durch die Bars an der Patpong Road zog, war gerade der Vietnamkrieg in vollem Gange. Die Bars waren voll mit GIs, die auf Kurzurlaub in Bangkok waren. Ich hatte eine Kneipe aufgetan, die ich besonders interessant fand, weil sie immer voll mit amerikanischen Korrespondenten war, Burschen, die eine Menge gesehen hatten und viel erzählen konnten. Als ich einmal mit einer Thai-Freundin dort aufkreuzte, sagte mir ein alter Journalist, der sich seit Jahrzehnten in Asien herumtrieb: „Junge paß bloß auf! Wenn du dich mal in eine Thai verliebt hast, bist du ein für alle Male für die europäischen Frauen verloren. Selbst wenn die Geschichte schnell wieder in die Brüche geht, wirst du doch immer an einer Thai hängen bleiben."

Damals habe ich darüber gelacht und es für einen Scherz gehalten. Heute weiß ich, daß der Ami, den ich nur einmal in meinem Leben gesehen habe, recht hatte. Das ist mir übrigens auch immer wieder von meinen vielen europäischen Freunden und Bekannten bestätigt worden, die ich heute in Thailand habe und die dort mit einer Thai-Frau zusammenleben. Jeder hat seine Probleme und schimpft sich bei Freunden über seine Frau aus, aber keiner denkt daran, sich statt ihrer eines Tages wieder mit einer Europäerin zusammenzutun, und das bestimmt nicht, weil die Thai-Frauen besonders sanft und leicht zu leiten wären.

Ich weiß nicht, woher das weitverbreitete Vorurteil kommt, Asiatinnen wären sanft, unterwürfig und nur dazu erzogen, den Mann zu verwöhnen. Vielleicht stammt dieses Klischee noch von Marco Polo, der es von seiner ersten Reise nach Indien und China mitbrachte. Vielleicht und wahrscheinlicher aber kommt es aus einem Mißverständnis in wörtlichem Sinne, nämlich daß wir Europäer die Stellung der Frau in der asiatischen Gesellschaft mit unseren Augen sehen und mit unseren europäischen Maßstäben beurteilen.

Speziell die Thai-Frauen haben den Ruf, besonders gute und anpassungsfähige Ehefrauen zu sein, ideal angeblich vor allem für solche Männer, die von ihren deutschen Frauen verlassen wurden oder mangels ausreichender Attraktivität keine finden konnten. Wenn solch ein Mann nun in einer Bar in Thailand auf ein hübsches und durch ihr exotisches Äußeres noch besonders anziehendes Mädchen trifft und diese nur zu bereit ist, ihm gegen ein für deutsche Verhältnisse lächerlich kleines Entgelt für ein oder zwei Wochen Gesellschaft zu leisten, dann fühlt er sich wie im siebten Himmel.
Irgendwann - vielleicht während dieser gemeinsam verbrachten Ferienwochen oder aber nach seiner Rückkehr nach Deutschland - kommt ihm dann die glorreiche Idee, diese schöne Zeit ins unendliche zu verlängern. Er erwägt, die exotische Traumfrau zu heiraten oder, wenn das wegen einer noch existierenden Ehe nicht möglich ist, zumindest nach Deutschland zu holen und hier mit ihr zu leben. Für das Mädchen ist das in der Regel eine einzigartige Möglichkeit, aus ihrer schlimmen Situation herauszukommen und ihr Leben auf eine sichere Grundlage zu stellen. Wenn ihr der Mann also auch noch zusagt - und hier gelten andere Maßstäbe als bei uns, wobei die Schönheit an letzter

Stelle kommt - wird sie dieses Angebot annehmen und den Sprung in die fremde Welt wagen.

Da der Mann aber keine Ahnung hat, in welchen Familienverhältnissen das Mädchen aufgewachsen ist und welche Verpflichtungen sich daraus für sie und damit auch für ihn als ihren Mann ergeben, da er vor allem aber nicht in der Lage ist, ihre Überlegungen und Verhaltensweisen im täglichen Ehestreß zu verstehen, kommt es über kurz oder lang zu Problemen, mit denen beide mangels einer gemeinsamen Verständigungsbasis - Sex allein reicht dazu nicht aus - nicht fertig werden können. Von den vielen deutsch-thailändischen Ehen, die ich im Laufe der Jahre kennengelernt habe, sind von ganz wenigen Ausnahmen abgesehen, nur diejenigen stabil geblieben, in denen der Mann der Frau ohne großen Kampf die dominierende Rolle überlassen hat und im übrigen bereit war, ihre mitgebrachten Thai-Laster weitgehend zu tolerieren. Zu diesen Lastern gehören u.a. Kartenspielen, Angst vor Geistern und der Hang alles verdiente Geld möglichst schnell auszugeben (denn am 1. des nächsten Monats gibt es doch wieder neues Geld).

Wie sieht nun aber die Situation der Frau in Thailand heute und unter Berücksichtigung der dort seit Jahrhunderten herrschenden sozialen Verhältnisse tatsächlich aus? Nach einem oft zitierten Thai-Sprichwort sind die Männer die Vorderbeine, die Frauen aber die Hinterbeine des Elefanten. Die Hinterbeine müssen zwar den Vorderbeinen folgen, aber ohne die Hinterbeine ist auch ein Elefant hilflos. Der Einfluß der Thai-Frau ist im häuslichen und ökonomischen Bereich immer groß gewesen, aber in Gesellschaft, Religion und Rechtsprechung bleibt ihr ein Platz im Hintergrund. Das gilt ebenso für die in den letzten Jahren eingeführten gesetzlichen Regelungen im Familienrecht.

Auch in Thailand ist es natürlich erforderlich, daß sich Mann und Frau zusammentun um eine Familie zu gründen und Kinder zu zeugen. Normalerweise wird neben der rein biologischen Anziehung, also der Freude am Sex, auch das dabei sein, was man allgemein mit dem vieldeutigen Begriff Liebe bezeichnet. Nun ist aber in Thailand, vor allem auf dem Land, eine förmliche Ehe, d.h. eine im Verzeichnis der zuständigen Behörde eingetragene Verbindung mit ggf. einzuklagenden Rechten, die Ausnahme. In der Regel zieht man einfach zusammen, eventuell noch mit dem elterlichen und priesterlichen Segen versehen. Bei der buddhistischen Hochzeit wird kein Eheversprechen „bis das der Tod euch scheidet" abgegeben, sondern der Priester segnet lediglich das junge Paar, dem es dann freisteht sich wieder zu trennen, wenn ihm danach ist.

Falls aber die Ehe wirklich offiziell geschlossen und bei der Ortsbehörde in ein Register eingetragen wird, so gilt auch in Thailand seit 1935 gesetzlich die Einehe. Da sich althergebrachte gesellschaftliche Gewohnheiten aber nicht so schnell ändern lassen wie Gesetze, heißt das in der Praxis, daß der wohlhabendere Mann sich eine Hauptfrau (mit Lizenz) und eine oder mehrere Nebenfrauen hält. Da aber nur die Hauptfrau gesetzliche Ansprüche hat, kann er die Nebenfrau und ihre Kinder jederzeit verlassen, wenn ihm danach ist, ohne daß diese irgendwelche Versorgungsansprüche haben oder gesetzlich einklagen könnten. Die neuen Ehegesetze haben im Prinzip also für die Frauen wenig Besserstellung gebracht. Auch ist Bigamie nach Thai-Gesetzen zwar nicht erlaubt, aber auch nicht strafbar wie in Deutschland. Wer also, obwohl schon einmal gesetzlich verheiratet, noch einmal gesetzlich heiratet und dabei angibt noch nicht verheiratet zu sein, hat durch die falschen Angaben nur eine Ordnungswidrigkeit begangen und riskiert, falls die Geschichte auffliegt, lediglich eine Ordnungsstrafe, in der Regel eine Geldstrafe. Allerdings wird dann die zweite Ehe für ungültig erklärt.

Eine Nebenfrau, „*mia noi*“ genannt, zu haben, ist in Thailand auch heute noch üblich. Aber auch hier sind bestimmte Regeln einzuhalten. Ein Thai-Sprichwort sagt: Die „*mia luang*“ (Hauptfrau) ist wie die Buddha-Figur auf dem Hausaltar. Sie muß in Respekt gehalten und entsprechend unterhalten werden. Die „*mia noi*“ ist wie das Buddha-Amulett, das man immer auf der Brust trägt. Sie bringt Glück und Wohlbefinden und muß deshalb natürlich auch gut unterhalten werden (wofür sie allerdings in der Regel schon selber sorgen wird).

Da die gesetzliche Ehe in Thailand auch heute noch die Ausnahme ist und nur in besseren Kreisen sowie in den Städten praktiziert wird, liegt es, wenn einmal Kinder da sind und die sexuelle Anziehung nachläßt, ganz im Belieben des Mannes, wie er seine Familie versorgt oder ob er gar, wie es sehr häufig der Fall ist, Frau und Kinder einfach sitzenläßt und sich eine neue Frau nimmt. Die thailändische Frau hat also gegenüber ihrem Mann und Vater ihrer Kinder keinerlei gesetzliche Versorgungsansprüche. Sie muß für ihren Lebensunterhalt und den ihrer Kinder ständig kämpfen. Weil das aber schon immer so war und weil das junge Mädchen es von seinen Eltern und älteren Schwestern nicht anders kennt, ist es darauf auch eingestellt und dazu in der Lage.

Wer also der Meinung ist, daß die Thai-Frau in der Ehe sanft und unterwürfig ist, der irrt sich. Eine Thai-Frau, vor allem wenn sie nicht durch einen Ehevertrag abgesichert ist, weiß, daß Goldketten und evtl. auch Geld auf ihrem Sparbuch weit angenehmer und beruhigender sind, als das, was der Mann ihr an Zärtlichkeiten und Liebessprüchen zu bieten hat und sie richtet sich in jeder festen Bindung von Anfang an darauf ein.

Sie kann sehr lieb und anschmiegsam sein, vor allem wenn sie etwas von ihrem Mann haben will. Wenn meine Amphan statt des üblichen „Guntäär“ ihre Rede mit *„phua chah“*, d.h. soviel wie „lieber Mann“, beginnt, ist meine instinktive Frage *„taorai“*, d.h. „wieviel?“ Die Thai-Frau kann aber auch hart fordern und zum nervtötenden Biest werden, wenn sie nicht bekommt, worauf sie Anspruch zu haben glaubt. Dazu muß man sich aber klar machen, daß die Thai-Frau eben darauf eingestellt ist, nicht nur das für den täglichen Lebensunterhalt der Familie Erforderliche ihrem Mann abzuverlangen, sondern, daß sie, mangels durchsetzbarer Versorgungsansprüche, auch möglichst viel materielle Sicherheit für sich und die Kinder für die Zeit anzusammeln sucht, in der er sie später eventuell verläßt.
Daher das dauernde Verlangen nach den für Thailand typischen Goldketten aus massivem 24-karätigem Gold. Je mehr davon, desto besser. Gold ist in Thailand gleich Geld. Das massive Schmuckgold der Halsketten und Armbänder kann buchstäblich an jeder Straßenecke mit geringem Abschlag wieder zu Geld gemacht werden, wenn es die Not erfordert. Außerdem kann es natürlich sichtbar getragen werden. Vor allem bei festlichen Anlässen wird jedes bißchen Goldschmuck angelegt, zum einen, um mehr „Gesicht“ zu zeigen, zum anderen, um die anderen Frauen neidisch zu machen. Das bringt wesentlich mehr als die paar Prozent Zinsen, die man bekommen würde, wenn man stattdessen das Geld zur Bank getragen hätte.

Aus dieser unterschiedlichen Einstellung zu den finanziellen Grundlagen des Zusammenlebens zwischen Mann und Frau entstehen auch die meisten Probleme in thaideutschen Ehen oder eheähnlichen Gemeinschaften. Man hat die liebevolle und zärtliche Traumfrau in Thailand getroffen, sie mit nach Deutschland genommen und jetzt beginnt das tägliche Zusammenleben. Das Mädchen hat einen nach ihrer Auffassung reichen Mann geheiratet. Denn wer soviel Geld für den Flug und ein teures Hotel ausgeben kann und sich auch im Schwung der ersten Liebe als nicht kleinlich gezeigt hat, der muß eben reich sein, auch wenn er als Angestellter monatlich vielleicht nur zwei- oder dreitausend DM nach Hause bringt. Das ist für Thai-Verhältnisse viel Geld, etwa soviel, wie ein höherer Staatsbeamter verdient.

Von diesem Geld muß in Deutschland nun aber nicht nur die Wohnungsmiete, der tägliche Lebensunterhalt, die Kleidung und evtl. auch noch das Auto bezahlt werden. Die Frau hat auch die moralische Verpflichtung, ihrer armen Familie in Thailand regelmäßig etwas Geld zukommen zu lassen. Dazu kommen oft noch Unterhaltsverpflichtungen für ein oder gar mehrere Kinder von ihrem ehemaligen Thai-Mann, die sie bei der Oma in Thailand in Pension gelassen hat. Zahlt sie nicht, hat sie vor ihrer Familie und den Nachbarn ihr Gesicht verloren. Hieraus ergibt sich eine schlimme seelische Belastung für eine Thai-Frau alleine in der Fremde, wofür ihr deutscher Mann meist überhaupt kein Verständnis hat. Er hat vielleicht ein ganzes Jahr für die Reise nach Thailand gespart, hat viel Geld ausgegeben, um die Frau nach Deutschland zu holen, hat vielleicht auch den Eltern bei einem Besuch eine anständige Summe gezahlt und ist nun der Meinung, sich finanziell weit genug aus dem Fenster gelehnt zu haben.

Der Ehemann hat nun zunehmend das Gefühl, nur als Goldesel zu dienen und hat dann irgendwann mal die Nase voll. Dann gibt es den üblichen Ehekrach, bei dem es, wie übrigens auch bei deutschen Ehepaaren, meist ums Geld geht. Für die Thai-Frau geht es, wie aufgezeigt, aber zusätzlich um ihr Gesicht und um ihre natürlichen Versorgungsängste für sie und ihre in Thailand zurückgelassenen Kinder. Bei solchen ehelichen oder außerehelichen Auseinandersetzungen können Thai-Frauen, die solche Situationen von zu Hause ja bestens kennen, durchaus mithalten. Die Tatsache, daß man sich mangels ausreichender Sprachkenntnisse auf ein paar, dafür um so kräftigere, Schimpfworte beschränken muß, tut der Sache keinen Abbruch. Zusätzlich kann man ja noch in der eigenen Sprache nachlegen. Wenn der andere das auch nicht versteht, so erleichtert es einem doch wenigstens das Herz.

Geld gehört nun einmal zu einer funktionierenden Ehe, mindestens genauso wie Liebe, das ist letztlich in Deutschland so wie in Thailand. Darüber hinaus ist es aber für einen deutschen Mann besonders schwer, das Gefühlsleben seiner Thai-Frau zu verstehen. Zu den üblichen Problemen für jeden Mann, sich in der Denkensweise einer Frau zurechtzufinden, kommt hier noch die durch den vollkommen unterschiedlichen kulturellen und sozialen Hintergrund gegebene Art und Weise, familiäre und finanzielle Probleme anzugehen. Es wird ihm vor allem besonders hart ankommen, sich mit den finanziellen Forderungen seiner Thai-Frau abzufinden, die, wie er glaubt, ihn nur aus Liebe geheiratet hat und die ihm nun tagtäglich dafür dankbar sein müßte, daß er sie aus dem Sumpf gezogen hat.

Meine Frau Amphan ist nicht nur die typischste Thai, die ich kenne, sondern auch eine, die immer klar sagt, was sie denkt. Sie hat mir diese Sachverhalte auf ihre Art klar gemacht. Wenn ich sie frage, warum sie denn nun gerade bei mir hängengeblieben ist, ob wegen meines Geldes, oder weil sie mich liebt, dann bekomme ich etwa folgende Antwort: „Das ist doch eine ganz dumme und überflüssige Frage. Wenn du kein Geld hättest, könnte ich dich nicht lieben, denn wer würde dann für mich und meine Kinder sorgen. Aber wenn ich dich nicht lieben würde, dann könntest du soviel Geld haben wie du willst, dann würde ich nicht so lange mit dir zusammenleben."

Geld spielt übrigens eine zunehmende Rolle im heutigen Thailand. Mit Ausnahme des bitterarmen Nordost-Thailand, *Isarn* genannt, wo in Jahren, in denen der Regen ausbleibt, die Menschen buchstäblich am Hungertuch nagen, reicht es zwar auch bei den armen Leuten in Thailand in der Regel für die Grundnahrungsmittel. Die Menschen werden jedoch zunehmend mit den Versuchungen des westlichen Lebensstandards konfrontiert. Vor allem die Jüngeren begnügen sich nicht mehr damit, genug zu essen zu haben, sondern wollen einen Fernseher, ein Motorrad, kurz all die schönen Dinge besitzen, die ihnen in der Werbung ständig präsentiert werden und mit denen man den persönlichen Erfolg nach außen hin zeigen kann, was in Thailand noch viel wichtiger ist als bei uns.

Nun aber, nach dem Abstecher zu den gemischten Ehen, wieder zu der Situation der Frau in der thailändischen Gesellschaft und zwar speziell auf dem Lande, wo auch heute noch ca. 80% der thailändischen Bevölkerung lebt. In den Thai-Familien, die ich kenne, hat in der Regel die Frau das Sagen und natürlich auch die Hand auf dem Familienbudget. Die Tätigkeit des Mannes in der Familie ist im wesentlichen auf das Kindermachen und - soweit er Lust und Laune dazu hat - auf einen finanziellen Beitrag zum Familienunterhalt beschränkt. Den größeren Teil des Geldes, das er mit Tätigkeiten außerhalb des Hauses verdient, wird er für sich, d.h. für Kartenspielen, Schnaps, Hahnenkämpfe oder Bordellbesuche ausgeben. Die Frau hingegen hat natürlich die Hand auf dem ganzen Geld, das auf dem Hof mit der Landwirtschaft verdient wird, also mit dem Verkauf der Reisernte, des selbst großgezogenen Geflügels u.s.w.

Wie sehr sich ein Thai-Mann verpflichtet fühlt, seinen finanziellen Beitrag zum Familienunterhalt zu leisten, zeigt eine kleine Episode, die ich mit Amphans Vater erlebt habe. Die Mutter hat im wesentlichen den Hof bewirtschaftet und 12 Kinder großgezogen, wobei natürlich Schmalhans immer Küchenmeister war. Zwar wurde nicht gerade gehungert, denn Reis vom Feld, Bananen und Kokosnüsse von den am Feldrand stehenden Bäumen sowie Fische aus dem am Haus vorbeifließenden Fluß gab es fast zu jeder Jahreszeit. Es war jedoch nie Bargeld vorhanden. Der Vater war ein geschickter und in der Nachbarschaft gesuchter Zimmermann, dem es nie an Aufträgen fehlte, wenn er Geld brauchte und ihm danach war. Als eines Tages der Kassierer die Monatsrechnung für den elektrischen Strom brachte und Geld sehen wollte, kam, wie sollte es anders sein, die Oma zu mir, um sich die 300 Baht (ca. 20 DM) für die Bezahlung der Rechnung zu „leihen“. Als abends der Vater nach Hause kam, war er, wie meist, leicht angeheitert und erzählte mir stolz, daß er heute mit der Arbeit an einem Haus 300 Baht verdient habe. Auf meine Bemerkung, daß er ja das Geld nun der Mutter geben könnte, damit sie die geliehenen 300 Baht zurückzahlen kann, sah er mich ganz erstaunt an und sagte: „Wie kommst du denn auf solch eine Idee? Das ist doch mein Geld, das ich mir verdient habe und deshalb brauche ich es auch für mich, wenn ich am Sonntag mit meinen Freunden zum Hahnenkampf gehe."

In der typischen Thai-Familie hat also die Frau die Hand auf dem Geld, soweit sie es selbst verdient hat oder dem Manne abnehmen kann. Auch hierfür ein kleines Beispiel: Als ich vor vielen Jahren meine Amphan zum ersten Male in ein gutes, d.h. auch nicht gerade billiges Restaurant in Bangkok zum Essen einlud und hinterher um die Rechnung bat, ließ sie sich von mir das Geld geben, um die Rechnung zu bezahlen. Auf meine Frage, was das denn wohl für einen Sinn habe, machte sie mir folgendes klar: Wenn ich zahle, sähe es so aus, als ob sie ausgehalten würde. Wenn sie dagegen zahle, sei der Bedienung klar, daß sie meine Frau ist.

Thai-Frauen sind auch wesentlich geschäftstüchtiger als die Männer. Überall wo etwas verkauft wird, sind es die Frauen, die das Geschäft in der Hand und das letzte Wort haben. Als ich mit meiner Tochter Anne in Thailand war, ging sie in Bangkok und Phuket an Hunderten von Straßenboutiquen entlang, die alle nachgemachte Markenartikel zu unglaublich niedrigen Preisen anboten und feilschte, bis mir die Tränen in die Augen schossen. Sie ging aber grundsätzlich nur zu männlichen Verkäufern, weil diese sich leichter herunterhandeln ließen, als Frauen am Verkaufsstand.

Überhaupt wird das ganze Wirtschaftsleben weitgehend von den Frauen in Gang gehalten. Ob bei der Feldarbeit oder auf Baustellen, in Restaurants oder auf Märkten: Es sind überall die Frauen, die arbeiten. Die Männer drücken sich währenddessen irgendwo herum. Auch die mühseligste und schmutzigste Feldarbeit wird von Frauen verrichtet, während die Männer bestenfalls nur die Maschinen bedienen, die auch auf dem Lande immer mehr eingesetzt werden. Wenn bei uns z.B. die Felder gedüngt werden müssen, dann schleppen die Frauen und Mädchen die schweren 40-Kilosäcke mit Kunstdünger vom anliefernden Boot über Hunderte von Metern aufs Feld, während ein Mann lediglich aus dem Boot den Frauen die schweren Säcke aufs Kreuz lädt.

Die Reisernte reicht in der Regel nicht aus, um auch nur die für den notwendigen Kauf von Saatgut, Dünger, Schädlingsbekämpfungsmitteln und für den laufenden Lebensbedarf aufgelaufenen Schulden zu bezahlen. Als einzige Möglichkeit, ein bißchen Bargeld für die täglichen kleinen Bedürfnisse zu verdienen, bleibt den Frauen auf dem Lande nur das Sammeln von wildwachsenden oder auf den Dämmen zwischen den Reisfeldern angepflanzten Wurzeln und Gemüsepflanzen. Überall sieht man deshalb das ganze Jahr über Frauen in der Hitze auf dem Boden hocken und Wurzeln ausgraben oder in den aus der Regenzeit zurückgebliebenen, flachen Wasserlöchern Grünzeug einsammeln, das dann geputzt und von täglich vorbeikommenden Aufkäufern auf den Markt gebracht wird.

Die Thai-Frau ist also keineswegs unterwürfig oder unterdrückt. Sie ist durch die sozialen Verhältnisse gezwungen, im wesentlichen den Unterhalt der Familie zu sichern. Dazu hat sie gelernt, sich vor allem dem Ehemann gegenüber durchzusetzen, je nach Bedarf mit Sanftheit und Liebe oder aber auch, falls erforderlich und größeren Erfolg versprechend, mit flinkem Mundwerk, lockerer Hand und eisenhartem Schädel.

Das typische Verhältnis zwischen Mann und Frau zeigt sich im übrigen auch im Umgangston in der Familie. Amphan betreibt in einem Schuppen hinter unserem Haus ein kleines Geschäft, in dem sie die von den Nachbarn kurzfristig benötigten Artikel verkauft. Das sind vor allem Schnaps und Zigaretten, Plätzchen und Bonbons für die Kinder, Öl zum Kochen, Gewürze u.s.w., aber auch kleine Mahlzeiten, die schnell eben zusammengebrutzelt werden. Nun kann das Goldstück manchmal ein bißchen ruppig sein, vor allem frühmorgens, wenn sie noch nicht ganz in Gang gekommen ist. Als ich sie nach einer etwas patzigen Antwort einmal fragte, warum sie denn mit mir nicht auch so höflich redete wie mit ihren Kunden, sagte sie ganz erstaunt: „Warum soll ich denn mit dir höflich reden? Du bist doch nur mein Mann."

Die Moral

Hier müssen erst einmal die Klischeevorstellungen zurechtgerückt werden, die von unseren auf Crime und Sex ausgerichteten Medien den deutschen Lesern und Zuschauern seit Jahren immer wieder aufgetischt werden.

Schenkt man diesen Stories Glauben, so wäre Thailand ein einziges großes Bordell, die thailändischen Frauen fast alle mehr oder weniger käuflich und nur die bösen Sextouristen wären am moralischen Niedergang dieses Naturvolkes schuld. Das ist eine irrsinnige Übertreibung und etwa so, als wenn ein Ausländer alle deutschen Frauen nach den Mädchen beurteilen würde, die auf Hamburgs St. Pauli oder im Frankfurter Bahnhofsviertel ihr Geld verdienen.

Wie kommen nun überhaupt solche Berichte zustande? Ich habe selbst einmal erlebt, wie ausschließlich auf Sexgeschichten erpichte Reporter einer deutschen Illustrierten in die einschlägigen Nachtclubs kamen, die es in Bangkok natürlich ebenso wie in Hamburg und in Frankfurt gibt, und durch entsprechende Extrazahlungen an Geschäftsführer und Personal für besonders saftige Bilder sorgten. Solche „Journalisten“ sind nur zu gerne bereit, Horrorberichte über das Sextreiben in Thailand zu schreiben, wenn sie eine mehrtägige oder -wöchige Urlaubsreise, ein gutes Spesengeld und außerdem noch Honorar dafür bekommen.

Als in Phuket einmal ein „Forschungsteam“ der Freien Universität Berlin aufkreuzte und eine mit deutschen Steuergeldern finanzierte Befragung der Touristen über ihre sexuellen Aktivitäten in Thailand durchführte, waren die Fragen zum einen so ausgewählt, daß zwangsläufig die vorgefaßten Meinungen über den Sextourismus bestätigt werden mußten, zum anderen wurde dem Forscher-Pärchen von den befragten Männern nach Strich und Faden die Hucke voll gelogen. Ein paar Monate später las ich dann das Ergebnis der Umfrage in mehreren deutschen Zeitungen. Dabei wurden natürlich alle negativen Aspekte des Sextourismus wieder einmal hervorgehoben.

Ein Mädchen, das in einer Bar anschafft, findet das sicherlich nicht besonders erstrebenswert und würde lieber ihr Geld anders verdienen. Sie findet ihr Tun aber vor allem deswegen nicht moralisch verwerflich, weil sie mit dem Geld ja ihre Kinder versorgt oder ihre Eltern unterhält. Hingegen würde sie es für unmoralisch halten, wenn sie aus purer Lust mit einem Mann oder gar abwechselnd mit verschiedenen Partnern ins Bett ginge. Das wiederum nehmen die Leute, die abfällig oder mit moralisch erhobenem Zeigefinger über diese Mädchen schreiben, für sich als aufgeklärte Europäer als ganz selbstverständlich in Anspruch.

Wenn man solche Geschichten liest oder eine Diskussion zum Thema Sextourismus im Fernsehen sieht, dann fällt einem auf, daß die Frage mit einer bornierten Überheblichkeit ausschließlich vom Standpunkt der deutschen Moralisten und Feministinnen angegangen wird, ohne jede Kenntnis der ganz anderen Normen und Wertvorstellungen, die für die betroffenen Menschen in Ländern der dritten Welt gelten. Ich habe in Phuket immer wieder erlebt, daß die Mädchen, die sich dort in den Bars ihr Geld verdienen, bei jeder Gelegenheit zum Tempel ziehen, um dort „*tam bon*" zu machen, also zu opfern. Noch nie habe ich aber gesehen, daß sich ein Mönch oder gar der Abt des Klosters in irgendeiner Weise dazu veranlaßt gesehen hätte, den Mädchen ins Gewissen zu reden oder zu versuchen, sie vom schlechten Weg abzubringen. Das bleibt dann den Journalistinnen von „Emma“ und anderen einschlägigen Zeitschriften vorbehalten, die sich lieber über die Mädchen von Bangkok als über die Kinder vom Bahnhof Zoo auslassen.

Genau besehen sind die Artikel über Sextourismus, die in unseren Zeitschriften immer wieder auftauchen, selbst Teil der Ausbeutung von Frauen aus der dritten Welt, die sie angeblich anprangern. Sie setzen auf den Voyeur-Instinkt des deutschen Leserpublikums und breiten zu diesem Zwecke ungeniert die schmutzigsten und saftigsten Details des Sexgeschäftes aus, ohne auf die so oft zitierte Würde der betroffenen Frauen die geringste Rücksicht zu nehmen. Solche Schmuddelgeschichten mit moralisierend erhobenem Zeigefinger, über die man sich öffentlich entrüstet und an denen man sich heimlich ergötzt, sind letztlich nichts anderes als Quasi-Pornographie. Auch die grausamsten Kriegsfilme werden ja bekanntlich gerne als Anti-Kriegsfilme verkauft. Leider neigen viele Leser leicht dazu, alle Thai-Frauen nach diesen nur allzu durchsichtigen Porno-Reportagen zu beurteilen.

Wie sieht es nun aber in Wirklichkeit aus mit der Moral der thailändischen Weiblichkeit? Gemessen an unseren deutschen moralischen Standards sind die Thais eher prüde. Mit Ausnahme von Bangkok, wo die schlechten Beispiele des Westens im Fernsehen und in natura durch die Touristen natürlich auch langsam die hergebrachten Sitten beeinflussen, wird man z.B. niemals sehen, daß sich ein junges Thai-Pärchen in der Öffentlichkeit umarmt oder gar küßt. Wenn die *Farang*-Touristinnen am Strand mit bloßem Busen herumliegen, sehen die Thai-Männer natürlich mal gerne hin. Ich habe einige Male erlebt, daß am Sonntag die jungen Männer aus meiner Nachbarschaft eine gemeinsame Tour zum hundert Kilometer entfernten

Pattaya organisierten, mit dem erklärten Ziel, dieses aufregende Schauspiel zu besichtigen. Keine Thai, nicht einmal ein Mädchen, das in den Bars anschaffen geht, würde sich freiwillig so vor fremden Leuten entblößen. In entsprechenden Nachtclubs, vor *Farang*-Gästen, ist es etwas anderes. Da wird man schließlich dafür bezahlt. Aber wenn auf dem Land die jungen Mädchen abends verschlammt und verdreckt von der Feldarbeit kommen und mitsamt ihren verschmutzten Kleidern zum Waschen in den Fluß oder Klong steigen, dann entwickeln sie ein unwahrscheinliches Geschick, nach der Reinigung in saubere Sarongs zu steigen, ohne daß auch nur ein Stückchen der Brust sichtbar würde.

Auf dem Lande ist es zwar nicht unüblich, daß alte Frauen zu Hause „oben ohne" herumlaufen, aber eben nur die alten Frauen. Als ich meine Amphan einmal scherzhaft fragte, warum nicht auch die jungen Mädchen und Frauen ihre doch viel ansehnlichere Busen offen tragen, bekam ich entrüstet zur Antwort „das würde doch nur die Lust der Männer anregen".

Auch Jungfräulichkeit wird bei den Thais immer noch groß geschrieben. Auf dem Land ist nicht mal Händchen halten zwischen Jungen und Mädchen erlaubt, zumindest solange nicht, bis sie mit dem Einverständnis der Eltern einander fest versprochen sind. Wenn auch die förmliche, gesetzliche Eheschließung auf dem Lande praktisch unbekannt ist, so ist es doch äußerst wichtig, daß sich der junge Mann den Segen der Eltern seiner Braut holt. Das hat allerdings weniger moralische, als handfeste finanzielle Gründe. Wenn ein Junge ein Mädchen zur Frau nehmen will, muß er den Eltern dafür eine entsprechende Ablösesumme zahlen. Die Höhe der Summe richtet sich natürlich nach der Schönheit des Mädchens sowie der sozialen

Stellung und dem Reichtum der Familie, liegt aber häufig etwa in der Höhe eines Jahresverdienstes oder sogar noch darüber. Dies gilt natürlich vor allem dann, wenn zu erwarten ist, daß die Braut nach dem Tode der Eltern ein schönes Stück Land erbt. Wenn in meiner Nachbarschaft jemand heiratet, bekomme ich immer genau erzählt, was die Braut gekostet hat und wieviel Gold der Bräutigam seiner jungen Frau als Brautgeschenk und erste Rate ihrer Zukunftssicherung überreicht hat. Es sind oft für die Verhältnisse der Leute sehr hohe Beträge, für die dann die ganze Familie des Mannes zusammengelegt hat. Und dieses Geld muß nicht etwa zurückgezahlt werden, wenn die junge Frau nach ein paar Monaten ihrem Mann wieder wegläuft, was sie ohne weiteres tun kann und was auch gar nicht so selten geschieht. Dieses an die Eltern zu zahlende Brautgeld ist aber nur fällig, wenn die Braut noch Jungfrau ist. Für „gebrauchte Ware“, vor allem wenn auch noch ein Kind als Beweis der verlorenen Unschuld da ist, kann allgemein kein Geld verlangt werden, so daß die Eltern durchaus auch ein finanzielles Interesse daran haben, die Jungfräulichkeit ihrer Töchter zu bewahren.

Als der jüngsten, immerhin schon 26-jährigen Schwester von Amphan das Malheur passierte, von einem Nachbarsjungen, mit dem sie zusammen groß geworden war, schwanger zu werden, suchte der junge Vater zunächst das Weite und verschwand Richtung Bangkok. Seine Eltern hingegen, die zu den relativ wohlhabenderen Bauern der Nachbarschaft gehörten, sahen keinen Anlaß den Fehltritt ihres Sohnes nachträglich zu regulieren, da sie der Meinung waren, daß zum Kinderzeugen immer zwei gehören und das Mädchen sicherlich nicht vergewaltigt worden war. Es war also nichts, weder mit Brautgeld noch mit Goldketten. Aber so leicht gab die Familie nicht auf. Eines Tages schleppte eine der älteren Schwestern aus der

Kreisstadt einen ihr bekannten Kriminalbeamten an und der formulierte nun, unter Assistenz aller Schwestern und gegen den allerdings schwachen Protest der werdenden Mutter, eine fingierte Anzeige über eine dem Mädchen gestohlene Goldkette. Tatsächlich konnte die Polizei in Bangkok den jungen Mann, der ja keinen Grund sah sich vor der Polizei zu verstecken, nach ein paar Tagen auch ausfindig machen und er wanderte erst mal ins Gefängnis. Um den Jungen aus dem Gefängnis herauszuholen und den Skandal einer Gerichtsverhandlung mit ungewissem Ausgang - da ja zumindest Aussage gegen Aussage gestanden hätte - zu vermeiden, blieb seinen Eltern nun nichts anderes übrig, als nachträglich 30.000 Baht (ca. 2.000 DM) Brautgeld zu zahlen und die angeblich gestohlene Goldkette neu zu kaufen. Von dem Geld ging übrigens die Hälfte an die hilfreiche Polizei, denn die schlecht bezahlten Polizisten müssen ja auch zusehen, wie sie über die Runden kommen.

Die Prostitution

Wer seine Informationen aus unserer einschlägigen Fachpresse bezieht, muß zwangsläufig der Meinung sein, daß es sich bei den Mädchen, die in Thailand im ältesten Gewerbe der Welt ihr Geld verdienen, um arme Kinder handelt, die entweder von ihren bettelarmen Eltern an skrupellose Bordellbesitzer verkauft wurden oder aber als unschuldige Mädchen vom Lande mit dem Versprechen eines Arbeitsplatzes in die Großstadt gelockt wurden, um dann dort betrogen und ausgenutzt im Bordell zu landen.

Wenn er dann als Tourist in Bangkok oder einem der Touristenzentren in eine der vielen einschlägigen Bars gerät, wo oft Dutzende von Mädchen nicht etwa nur tatenlos auf Kunden warten, sondern sich auch noch vorher in allerknappsten Kostümen als sogenannte Go-Go-Girls auf dem Laufsteg präsentieren, so daß niemand die Katze im Sack kaufen muß, wird er in der Regel von der lustigen und lockeren Atmosphäre überrascht sein, die dort herrscht. Die Mädchen sind keineswegs unfreiwillig, sondern aus freiem Willen dort, ganz einfach deswegen, weil sie mit ein paar Stunden „Arbeit“ dort leicht das Zehnfache dessen verdienen können, was für 12 Stunden Schaffen auf einer Baustelle oder als Verkäuferin in einem Warenhaus bezahlt wird. Niemand zwingt sie, dort zu arbeiten, weder ein Zuhälter noch der Besitzer eines Etablissements. Sie können jederzeit die Bar verlassen und in eine andere Bar wechseln. Alle Mädchen tragen eine Nummer sichtbar an ihrer knappen Kleidung. So kann der Gast die Mädchen unterscheiden, die sich in den Augen eines *Farangs* oft wie ein Ei dem anderen ähneln. Außerdem kann bei berechtigten Beschwerden, etwa bei Diebstahl, der Barbesitzer oder falls es ganz schlimm kommt, die

Polizei, die Täterin rasch identifizieren. Ein Mädchen, das unangenehm auffällt, weil es z.B. versucht hat, einen betrunkenen Gast zu bestehlen, verliert unweigerlich ihren Job in der Bar und muß sich eine neue Stelle suchen.

Allerdings muß man auch sagen, daß gar nicht selten angetrunkene *Farang*s die Mädchen wie den letzten Dreck behandeln. Da sie, auch wenn sie in der Bar arbeiten, doch ihren Stolz besitzen, reagieren sie entsprechend.

Nun zum nächsten falschen Klischee, das uns von sensationshungrigen Medien aufgetischt und vor allem von Dritte-Welt-Gruppen und Frauenaktivistinnen entsprechend ausgeschlachtet wird. Es handelt sich um die Behauptung, der Sextourismus trage die Hauptschuld an der Prostitution in Thailand im allgemeinen und an der Kinderprostitution im besonderen. Wenn hierzu manchmal Zahlen von mehreren Millionen thailändischen Frauen genannt werden, die angeblich im horizontalen Gewerbe mit Sextouristen ihren Lebensunterhalt verdienen, so ist das nicht nur schlicht Unsinn, sondern eine pauschale Beleidigung der Thai-Frauen. Hier wird von dem Treiben in einigen Touristenzentren, wo tatsächlich die Prostitution blüht, auf ganz Thailand geschlossen. Das ist schließlich genauso unsinnig, wie von dem Betrieb auf der Hamburger Reeperbahn auf die Moral aller deutschen Frauen zu schließen. Nicht ganz unschuldig daran ist unsere Sensationspresse, die sich diesem Thema immer wieder mit Wonne widmet.

Nun ist die Prostitution - obwohl in Thailand im Gegensatz zu Deutschland seit Jahrzehnten gesetzlich verboten und strafbar - tatsächlich ein prosperierendes Geschäft im Lande. Das war sie aber schon lange bevor im Vietnamkrieg Tausende amerikanische Soldaten auf R&R (Rest and Recreation)-Kurzurlaub nach Bangkok und Pattaya eingeflogen wurden. Nach dem Ende des dieses Krieges sprang dann sogleich Neckermann in die Bresche, weshalb heute in Thailand auch noch allgemein der Begriff Nekkermann für das steht, was unsere Medien als Sextourismus anprangern.

Das betrifft aber nur einen relativ kleinen Teil Thailands, eben nur die paar berühmt-berüchtigten Touristenzentren, während sicherlich 80% der Mädchen, die in Thailand in diesem Gewerbe voll- oder nebenberuflich tätig sind, noch nie einen *Farang* als Kunden gehabt haben. Das gilt insbesondere für die sogenannte Kinderprostitution, bzw. den Verkauf von Töchtern in geschlossene Bordelle. Auch die thailändische Presse berichtet nicht selten von Fällen, wo die Polizei bei einer Razzia irgendwo in einer kleineren oder größeren Stadt ein geschlossenes Bordell ausgehoben hat, in dem auch minderjährige Mädchen als Sexsklaven eingesperrt waren. Solche Häuser existieren also, genauso wie die bedauerliche Tatsache, daß manche armen Bauern im Nordosten, wo manchmal zwei Ernten hintereinander wegen Trockenheit ausfallen, aus Not ihre minderjährigen Töchter an Aufkäufer verschachern. Was aber praktisch nicht vorkommt, ist, daß *Farangs* oder, noch präziser gesagt, Sextouristen, in solch ein geschlossenes Bordell geraten, dessen Betrieb im übrigen nur unter Bestechung der örtlichen Behörden möglich ist.

In den Touristenbars und in den von Touristen besuchten Massagesalons dürfen grundsätzlich keine minderjährigen Mädchen beschäftigt werden und das Gesetz sieht entsprechende Strafen für die Besitzer solcher Etablissements vor. Kein Barbesitzer würde durch Beschäftigung von Minderjährigen an solch einem öffentlich zugänglichen Platz seine Lizenz und eine Gefängnisstrafe, bzw. sehr hohes Buß- oder Bestechungsgeld riskieren. Er ist aber nicht dagegen gefeit, daß ihm ein minderjähriges Mädchen, das aus dem Norden nach Bangkok gekommen ist, um hier Geld zu verdienen, beim Anstellungsgespräch einfach den Personalausweis der älteren Schwester vorlegt. Zum einen sind sich die Mädchen ähnlich, zum anderen die Paßbilder so schlecht, daß der Betrug kaum zu erkennen ist. Noch schwieriger wird es für den *Farang,* der in einer Bar ein nettes junges Mädchen trifft, zu beurteilen, ob der Engel nun tatsächlich schon über 16 ist. Wegen der zarten Figur und des kindlichen Gesichts läßt sich oft vom Aussehen nicht ohne weiteres das Alter abschätzen. Das Mädchen wird auf Fragen natürlich immer behaupten, es sei schon 18 Jahre alt. Er kann sich zwar den Ausweis zeigen lassen, da aber alle Angaben darauf in Thai geschrieben sind und die Jahresangabe sich auf den buddhistischen Kalender bezieht, kann er in der Regel daraus überhaupt nichts entnehmen.

Ein anderes Klischee ist, daß die Mädchen, die in diesen Bars arbeiten, hierzu gezwungen seien und dies nicht aus freiem Willen täten. Natürlich besteht ein gewisser wirtschaftlicher Druck, denn die meisten dieser jungen Mädchen hängen ja nicht nachts an den Bars herum, weil sie nicht schlafen können, sondern weil es die einfachste und oft auch die einzige Möglichkeit ist, für sich und ihre meist vom Vater verlassenen Kinder sowie für die überwiegend in den ärmsten und trockensten Gebieten Thailands wohnenden Familien den Unterhalt zu verdienen.

Man muß aber die Hintergründe kennen, um urteilen oder gar verurteilen zu können. Während in Bangkok auch zu den unteren Schichten langsam etwas von dem fast jährlich um 10% anwachsenden Sozialprodukt durchsickert, herrscht vor allem im trockenen Nordosten Thailands zum

Teil noch bittere Armut. Dort kann ein Mädchen, sofern es überhaupt Arbeit findet, am Tag 50-70 Baht (etwa 3-5 DM) in der Fabrik oder auf dem Bau verdienen. Als Zimmermädchen in einem Hotel wird es ca. 1.500 - 2.000 Baht (etwa 100 DM) im Monat heimbringen. Soviel kann eine junge Thai aber mit etwas Glück an einem einzigen Tag verdienen, wenn sie in Phuket oder Pattaya in einer Bar anschaffen geht.

Die Mädchen haben fast nie irgendwelche Zuhälter, sondern arbeiten ganz auf eigene Rechnung und haben außerdem hier die Chance, auf einen netten *Farang* zu treffen, der sie heiratet und aus dem Elend herausholt. Sie sind in der Regel immer lustig und zu Späßen aufgelegt. Die Atmosphäre in solch einer „Sexbar", von der es in den einschlägigen Straßen von Bangkok, Pattaya und Phuket buchstäblich Hunderte gibt, unterscheidet sich völlig von der kalt geschäftsmäßigen Atmosphäre in einem deutschen Bordell. Dies bringt auch den Besucher, der zu Hause nicht in solch ein Etablissement gehen würde, dazu, sich hier wohl zu fühlen und eventuell Anschluß zu finden.

Natürlich gibt es auch Auswüchse. Wer einmal erlebt hat, wie sich ansonsten ganz ordentliche deutsche Männer benehmen können, wenn sie dort, wo sie niemand kennt, etwa auf einer Kegeltour, nach ein paar Flaschen Bier im Bauch auf den Putz hauen, den wundert nichts mehr. Auch nicht, wenn solche Typen auch in Thailand vor den Bars herumhängen und sich, wenn sie voll sind, wie die Wildschweine benehmen. Aber der Umstand, daß von Zeit zu Zeit in Deutschland mal ein paar Rowdies Terror im Stadion veranstalten, kann ja auch nicht als Maßstab für das Benehmen aller Fußballfreunde genommen werden.

Wie bereits angeführt, ist in Thailand die Prostitution gesetzlich verboten. Wenn sie trotzdem vor allem in den Fremdenverkehrszentren floriert, dann ist das nicht nur auf die offene Hand der örtlichen Polizeibehörden zurückzuführen. Die Regierung ist sich trotz aller gegenteiligen Lippenbekenntnisse durchaus darüber im klaren, daß die Thai-Frauen nun mal ein wesentlicher Anziehungspunkt für devisenbringende Touristen sind und daß der gegenüber den Nachbarländern doch erhebliche Vorsprung im Lebensstandard nicht zuletzt auf diesen Umstand zurückzuführen ist.

Hier beginnt sich in den letzten Jahren allerdings ein gewisser Bewußtseinswandel abzuzeichnen. Nicht zuletzt beeindruckt durch die ständigen Artikel in der westlichen Presse über die Auswüchse des Sextourismus in Thailand und dem damit verbundenen schlechten Ruf des Landes, beginnen einige mehr oder weniger einflußreiche Leute gegen die stellenweise immer mehr ausufernde Prostitution anzugehen. So hat einer der angesehendsten buddhistischen Priester, der Supreme-Patriarch des Klosters Bovorn, einen Kreuzzug gegen die Prostitution begonnen. Dabei mußte man allerdings feststellen, daß der Widerstand in einflußreichen Kreisen gegen die schärfere Durchsetzung der vorhandenen Gesetze groß ist, vor allem bei Politikern, Barbesitzern, Polizisten und lokalen Verwaltungen, die allesamt gut an der Prostitution verdienen. In der Praxis sieht das dann folgendermaßen aus: In regelmäßigen Abständen berichten die Zeitungen in großer Aufmachung davon, daß die Polizei in einer örtlich durchgeführten Großrazzia eine Reihe von Nachtclubs geschlossen habe, weil die Go-Go-Girls in zu spärlicher oder gar keiner Bekleidung getanzt hätten. Ein paar Tage später sind die Clubs aber wieder geöffnet und der Nacht-

oder besser Nacktbetrieb läuft wie gehabt wieder auf vollen Touren weiter.

Wie zwiespältig die ganze Frage offiziell behandelt wird, zeigt folgendes Beispiel: Nachdem durch eine europäische Frauenorganisation wieder einmal die Zahl von 2 Millionen Frauen genannt wurde, die angeblich in Thailand in der Prostitution tätig seien, sah sich der Leiter der thailändischen Polizeibehörde, die für die Bekämpfung der Prostitution zuständig ist, genötigt, Anfang April 96 in der *Bangkok Post* eine Gegendarstellung zu verfassen. Darin wurde genau aufgeführt, wieviele Bordelle, Massagesalons und der Prostitution dienende Bars es in den einzelnen Regionen des Landes gibt und wieviel weibliche und männliche Prostituierte jeweils dort arbeiten. Insgesamt ergab das dann eine Zahl unter 100.000, mit der die Behauptung, es gäbe in Thailand ca. 2 Millionen Frauen die ganz oder teilweise von der Prostitution lebten, widerlegt werden sollte. All dies wohlgemerkt, obwohl es nach dem Gesetz strafbar ist, solche der Prostitution dienende Etablissements überhaupt zu betreiben.

Zu dem ganzen Thema Prostitution kann man zusammenfassend sagen, daß in Deutschland alles erlaubt ist, was nicht ausdrücklich verboten ist. In Thailand hingegen ist zwar sehr vieles verboten, bei entsprechender Zahlung kann aber praktisch jedes Verbot außer Kraft gesetzt und umgangen werden.

Interessant ist vielleicht noch die Reaktion der Familie auf die, auch nach buddhistischen Begriffen natürlich sündhafte Tätigkeit einer Tochter im fernen Bangkok. Wenn ich einen Nachbarn manchmal frage, woher er denn bei dem jämmerlichen Einkommen, das die Landwirtschaft abwirft, das Geld für das neue Fernsehgerät oder das vor der Tür stehende neue Moped hat, antwortet er stolz, daß die in Bangkok oder in sonst einer fernen Stadt tätige Tochter der Familie das Geld geschickt hat. Auf meine weitere Frage, womit die gute Tochter denn das viele Geld verdiene, erfahre ich dann in der Regel, daß sie in einem Hotel oder Restaurant arbeitet. Da ich nun weiß, wie wenig ein Zimmermädchen oder eine Kellnerin selbst in der Hauptstadt Bangkok verdient, ist mir auch gleich klar, was das liebe Kind dort wirklich treibt. Und nicht nur ich, sondern auch die Familie und die Nachbarn wissen es.

Hier kommt nun wieder die erstaunliche Fähigkeit der Thais zum Zuge, unangenehmen Dingen auszuweichen oder sie einfach zu leugnen. Wenn die Tochter nach einiger Zeit zu Besuch nach Hause kommt, werden alle Freundinnen und Schwestern ihre vom Sündengeld angeschafften Goldketten bewundern. Wenn sie sich dann eines schönen Tages aus dem Gewerbe zurückzieht und mit dem hoffentlich ersparten Geld ein kleines Geschäft aufmacht - übrigens ein Ziel, das fast jedes dieser Mädchen hat - wird keiner der Nachbarn über sie die Nase rümpfen, sondern über ihre Tätigkeit während ihrer Zeit in der großen weiten Welt stillschweigend hinwegsehen.

Lady Men

Auffallend in Thailand, ist die relativ große Zahl Homosexueller. Die Thais nennen sie *Kathoy*, treffender ist aber sicher der englische Begriff den die Thais gegenüber *Farang*s verwenden: *Lady-Men.* Warum es in Thailand so viele *Kathoys* gibt, mag verschiedene Gründe haben. Zum einen wird der Umstand, daß seit vielen Generationen alle jungen Männer für einige Monate ins Kloster gehen, also in einer geschlossenen Männergemeinschaft leben und während dieser Zeit mit keiner Frau in Kontakt kommen dürfen, einen gewissen Einfluß haben. Zum anderen war Homosexualität in Thailand nie wie bei uns durch die Religion und damit gesellschaftlich geächtet oder gar strafbar.

Unter den *Kathoys* sind aber zwei Gruppen zu unterscheiden: Da sind zum einen die Thais, die sich selbst mit dem englischen Begriff *Gay* bezeichnen und das sind diejenigen, die wir im Deutschen „schwul“ nennen. Dann gibt´s da noch die große Gruppe der *Transvestiten,* die meist toll aufgemacht in Frauenkleidern herumlaufen und zum großen Teil vor allem in den Fremdenverkehrszentren auf der Straße anschaffen. Die in Phuket oder Pattaya anschaffenden *Kathoys* sehen mit ihren blendenden Figuren, großen Busen und aufwendiger Garderobe wirklich toll aus, und man muß schon sehr genau hinsehen oder einige Erfahrung haben, um auf den ersten Blick zu erkennen, was da unter dem Rock steckt. So mancher *Farang* hat den Schock seines Lebens bekommen, wenn er der Meinung war, ein unheimlich hübsches Mädchen abgeschleppt zu haben und dann im Hotelzimmer feststellen mußte, was er sich da wirklich eingefangen hatte.

Als Faustregel kann man sagen, daß man bei einem besonders hübschen Mädchen zweimal hinsehen oder besser vielleicht hinfühlen sollte, um sicher zu gehen, mit wem man es hier zu tun hat. Es ist auch nicht ganz ungefährlich, sich mit einem *Kathoy* einzulassen. Sie gelten als diebisch und können sehr rabiat werden, wenn sie nicht das bekommen was sie wollen.

Die Umwelt

Thais sind sehr auf körperliche Sauberkeit bedacht. Jeder ordentliche Thai duscht sich mindestens einmal am Tage gründlich vor dem Schlafengehen, die Mädchen waschen ihre schönen langen Haare häufig und jeden Tag muß ein sauber gewaschenes Hemd oder Kleid angezogen werden, egal ob das alte schon schmutzig war oder nicht. Ich habe z.B. erlebt, daß eine Lehrerin Kinder aus der Schule nach Hause geschickt hat, wenn sie nicht mit täglich sauber gewaschener Schuluniform ankamen. Wenig Verständnis haben die Thais deshalb für die *Farang*-Rucksacktouristen, die mit schmutzigen Sachen durch die Gegend reisen, und manchmal, da sie eben viel mehr schwitzen wie die Thais, wie die Iltisse stinken, wenn man neben ihnen im Bus sitzt.

So sehr die Thais auf alles achten, was mit körperlicher Sauberkeit zu tun hat, sowenig sind sie darauf bedacht, auch ihre Umgebung sauber zu halten oder so etwas wie Umweltbewußtsein zu entwickeln. So fliegt z.B. alles Verpackungsmaterial kurzerhand aus dem Fenster und dabei summiert sich eine ganze Menge Abfall, da in Thai-Geschäften jedes Bonbon zweimal eingewickelt wird, bevor es in eine Plastiktüte kommt. Auch leere Konservendosen, alte Batterie, gebrauchte Reifen u.s.w. werden einfach in die Prärie geworfen, wenn sie ausgedient haben.
Die Hütten in den ärmeren Vierteln und Slums sind wegen der vielen für Bangkok typischen Überschwemmungen auf Stelzen gebaut. Darunter sieht es oft aus, wie auf einer Müllkippe. Wenn dann in der Regenzeit die Überflutung kommt und das Wasser manchmal wochenlang einen halben Meter hoch unter den Hütten steht, kann man sich vorstellen, welche Duftwolken und Mückenschwärme bei

Tagestemperaturen um 40 Grad Celsius dieser Brühe entsteigen.
Bangkok wurde wegen seiner vielen Wasserwege früher auch das Venedig des Ostens genannt. In den wenigen offenen Kanälen schwappt jedoch heute nur noch eine schwarze, stinkende Brühe und man sich wundert sich, daß sie überhaupt noch fließen kann.

Verschlimmert wird die Umweltsituation noch dadurch, daß Thailand im letzten Jahrzehnt eine rasante wirtschaftliche Entwicklung durchgemacht hat, mit jährlichen Zuwachsraten um 10 %. Davon ist zwar der größte Teil in Bangkok und ein paar Touristenzentren hängen geblieben, trotzdem zeigen sich die negativen Aspekte eines so schnellen Wachstums, auf das weder die Bevölkerung noch die ganze Infrastruktur eingerichtet ist, überall im Lande. Auch in Thailand mehren sich aber die Stimmen, die vor einem zu schnellen Fortschritt warnen und auf die negativen Aspekte, sowohl für die Umwelt als auch für die Kultur des Volkes hinweisen. Das Problem ist vor allem die „Laissez-faire-Mentalität“ der Thais und die offene Hand aller für Umweltschutzmaßnahmen zuständigen Behörden.

Ohne die Spätfolgen zu bedenken, wird auf dem Lande mit den Giftbrühen zur Bekämpfung der Pflanzenschädlinge umgegangen. In den besser bewässerten Gebieten werden meist Naßreissorten verwendet, die zwei Ernten pro Jahr ermöglichen und sehr empfindlich gegen Schädlinge sind. Deswegen wird in den paar Wachstumsmonaten mehrere Male Gift gespritzt. Das geht dann ungefähr so vor sich: Auf dem Lande wird die Arbeit auf den Feldern immer in Nachbarschaftshilfe verrichtet, so daß reihum jeder einmal drankommt. Morgens versammeln sich ca. 5 junge Leute, meist Mädchen, am Feldrand. In einem großen Kübel wird dann die Giftbrühe angerührt. Dabei handelt es sich häufig um Gifte, die bei uns längst verboten sind, z.B. auf DDT - Basis. (Für uns Westeuropäer ist es besonders interessant, auf den Gebinden wohlbekannte Namen unserer heimischen Chemieindustrie, wie Bayer, Höchst oder Schering zu lesen.) Dann werden die Rucksackkanister gefüllt, und anschließend schreitet die Gruppe in weiter Kette, das Gift aus Handspritzen auf die jungen Reispflanzen und sich gegenseitig um die Ohren sprühend, fröhlich schwätzend über das Feld. Als einziger Schutz dient, wenn überhaupt vorhanden, ein lose vor Mund und Nase gebundenes Tuch.

Daß wieder mal Gift gesprüht worden ist, merke ich immer daran, daß am nächsten Tag ein paar von den jungen Leuten bei mir antanzen und mich um Aspirin-Tabletten bitten, von denen ich immer einen gewaltigen Vorrat mit nach Thailand nehme. Sie wollen damit ihre Kopfschmerzen und sonstiges Unwohlsein bekämpfen. Auch wenn eines schönen Morgens, in dem an sich sauberen und fischreichen *Klong,* der an unserem Haus vorüberfließt, plötzlich massenweise Fische mit dem Bauch nach oben schwimmen, kann ich mir ausrechnen, daß weiter oberhalb wieder mal die Felder nach dem Motto „viel hilft auch viel“ mit Gift eingeregnet wurden.

Ein Nachbar, dem ich nach solch einer Kampagne einmal versucht habe klarzumachen, welche Langzeitschäden sich aus dem sorglosen Umgang mit den Giften und aus der übermäßigen Verwendung gefährlicher Insektizide für die Menschen ergeben können, hörte mir interessiert zu und sagte dann: „Das mag ja alles stimmen was du da erzählt hast, aber für die 10 - 20 % mehr Reis, die ich aus meinem Feld heraushole, weil mir die Käfer nicht die Pflanzen anfressen, nehme ich auch ein paar Tage Kopfschmerzen oder ein paar tote Fische, die sowieso wieder nachkommen, gerne in Kauf."

Relative Wahrheiten

Über das erstaunliche Geschick der Thais, unangenehmen Dingen möglichst auszuweichen oder, falls das nicht möglich ist, sie einfach zu ignorieren, ist schon gesprochen worden. Das gilt unter anderem auch für den Umgang mit der Wahrheit. Thais lügen nicht etwa, sie sagen nur manchmal nicht die volle Wahrheit und zwar immer dann, wenn sie das Gefühl haben, daß es für sie oder den anderen unangenehme Folgen haben könnte.

Nun ist zwischen dem knallharten Lügen, also dem, was in den 10 Geboten als Sünde bezeichnet wird und dem „nicht die volle Wahrheit sagen", ein gewaltiger Unterschied, wie uns unsere eigenen Politiker tagtäglich vorführen. In dieser Grauzone kennen sich die Thais bestens aus, wie vielleicht die folgenden kleinen Beispiele zeigen:

Ein deutscher Monteur sollte auf einer Großbaustelle im Süden Thailands eine neue Betonpumpe in Betrieb nehmen, die aus Deutschland dorthin geschickt worden war. Bei der Ankunft auf der Baustelle mußte er aber feststellen, daß beim Transport ein für die Bedienung wichtiger Anschlußstutzen abgebrochen war. Da das abgebrochene Teil aber noch da war und auch ohne weiteres wieder elektrisch angeschweißt werden konnte, ging er in die Werkstatt der Baustelle, sah dort ein nagelneues Elektroschweißgerät stehen und fragte den zuständigen Thai-Schlosser, ob dieser das abgebrochene Teil wieder anschweißen könne. Dieser bestätigte ihm freundlich, daß das gar kein Problem sei und die kleine Reparatur selbstverständlich erledigt werden könnte.
Als der Monteur am nächsten Morgen wieder in die Werkstatt kam, war er der Meinung, daß die kleine Arbeit,

die keine halbe Stunde in Anspruch nehmen konnte, inzwischen erledigt worden sei. Die Pumpe stand jedoch noch unberührt in der Ecke. Schon vor der Abreise aus Deutschland hatte man den Monteur vorgewarnt, man bräuchte in Thailand besonders viel Geduld, weil dort die Uhren anders laufen. Der gute Mann bat den freundlichen Schlosser also nochmals höflich, die kleine Reparatur doch bald auszuführen, was dieser auch genauso höflich zusagte. Das gleiche Spielchen wiederholte sich über mehrere Tage. Dem Monteur war das zunächst gar nicht so unangenehm, denn ein paar bezahlte Urlaubstage in Thailand sind ja auch nicht zu verachten. Schließlich riß ihm doch am Ende der Woche der Geduldsfaden und er wurde grob. Daraufhin stellte sich heraus, daß die Reparatur überhaupt nicht ausgeführt werden konnte, weil wohl ein nagelneues elektrisches Schweißgerät, aber keine Schweiß-Elektroden auf der Baustelle waren. Diese hatte man zwar in Bangkok reklamiert, sie waren aber bislang nicht eingetroffen.

Als daraufhin der *Farang* dem Thai vorwarf, er habe ihn belogen, antwortete dieser beleidigt, daß er ja nur gefragt worden sei, ob er elektroschweißen könne, und wenn er erst mal die Elektroden hätte, würde er das schon beweisen. Auf die Frage, warum er denn nicht gleich gesagt hätte, daß keine Elektroden da waren, kam die klassische Antwort: „Zum einen wollte ich dich nicht traurig machen, und zum anderen hätten die Elektroden ja jeden Tag kommen können. Dann wäre die Reparatur in ein paar Minuten erledigt gewesen.“

Noch ein anderes Beispiel: Von Zeit zu Zeit kommt ein Familienmitglied zu mir und fragt, ob ich ihm nicht schnell einmal 1.000 Baht leihen könne. Nun bin ich nicht gerade Millionär, aber wenn ich mich davon überzeugt habe, daß das Geld für einen lebenswichtigen Zweck wie den Kauf von Material zur Reparatur des durchlässig gewordenen Daches, von Düngemitteln oder von Treibstoff benötigt wird, dann rücke ich schon mal den nach unseren Begriffen meist geringen Betrag unter 100 DM heraus, wobei ich mir dann vollkommen darüber im klaren bin, daß ich das „geliehene" Geld nie wieder sehen werde, sondern unter dem Konto „Hilfe für die dritte Welt" abschreiben kann.

Als nun eines Tages Amphans Vater wieder mal kam und von mir 1.000 Baht zum Kauf eines Fasses Diesel zum Betreiben der Bewässerungspumpe und des kleinen Motorpflugs borgen wollte, gab ich ihm das Geld, fragte ihn dann aber, warum er denn immer sagen würde, er wollte das Geld nur zu leihen nehmen, wo er doch genau wüßte, daß er den Betrag nie zurückzahlen kann. Das wäre doch eine glatte Lüge und auch für Buddhisten eine Sünde. Worauf der Vater mir beleidigt erwiderte, daß er mich keineswegs belüge, wenn er sagt, er wolle das Geld wieder zurückzahlen. Schließlich kaufe er ja alle 14 Tage ein Los der staatlichen Lotterie und sollte er dort eines Tages das große Geld gewinnen, würde er mir das Geliehene mit Zins und Zinseszins zurückzahlen. Daß der Lotteriegott ihm bisher nicht gewogen war, sei doch wohl nicht seine Schuld. Er für sein Teil habe es jedenfalls nicht an Opfergaben fehlen lassen.

Diesen etwas opportunistischen Umgang der Thais mit der Wahrheit, trifft man auch beim Umgang mit außerirdischen Gesprächspartnern an. Als ich noch zu Beginn unserer Bekanntschaft einmal mit Amphan ein Kloster besuchte, war dort gerade eine religiöse Zeremonie im Gange. Auf einem etwas erhöhten Streifen an der Seite des Gebäudes saß eine Reihe von Mönchen, mit dem Abt am rechten Flügel und ihnen gegenüber saß die andachtsvolle Gemeinde. Da ich so etwas noch nicht gesehen hatte, setzten wir uns auch auf den Boden, Amphan unter die Gemeinde und ich etwas im Hintergrund. Die ganze Zeremonie bestand aus einem Wechselgesang zwischen den Mönchen und der Gemeinde, der sich über eine Stunde hinzog. Verstehen konnte ich natürlich kein Wort; zum einen sprach ich damals noch kaum Thai, zum anderen verwendet die buddhistische Liturgie nicht Thai, sondern Pali, die alte Priestersprache. Mir fiel aber auf, daß am Ende der Veranstaltung die Mönche mehrmals einen kurzen Text vorbeteten, den die Gemeinde dann wortwörtlich wiederholte.

Als ich Amphan anschließend fragte, was denn der kurze Wechselgesang am Schluß bedeutet hätte, bei dem die Gemeinde sich nach jedem Satz mit dem Kopf bis auf den Boden verneigte, erklärte sie mir, daß die Mönche die fünf Gebote Buddhas vorgebetet und die Gläubigen versprochen hätten, diese Gebote zu halten. Ich konnte mir daraufhin nicht verkneifen zu bemerken, daß sie dann doch mindestens bei einem Gebot gelogen haben müßte. Darauf antwortete sie entrüstet, daß das bestimmt nicht der Fall wäre. Sie hätte zwar versprochen, nicht zu töten, nicht zu stehlen u.s.w., beim Keuschheitsgebot hätte sie jedoch geschwiegen und somit keineswegs gelogen.

Noch ein letztes Beispiel aus dieser Kategorie. Wenn ein Mädchen aus einer Bar mit einem *Farang* auf sein Hotelzimmer geht, dann wird sie erst eine ausgiebige Körperreinigung vornehmen und - wenn sie ein frommes Mädchen vom Dorf ist - auch ihr Abendgebet verrichten. Bevor sie aber nun zu dem ungeduldig wartenden *Farang* ins Bett steigt, wird sie erst den an einem Goldkettchen um ihren Hals hängenden Buddha abhängen und mit dem Bild nach unten auf den Nachttisch legen oder zumindest das Amulett nach hinten auf den Rücken hängen, damit Buddha das, was jetzt kommt, nicht mit ansehen muß.

Arbeit und Handel

Auch der Böswilligste könnte die Thais nicht gerade als arbeitswütig verunglimpfen. Das liegt zum einen wohl daran, daß vor allem körperliche Arbeit in tropischen Regionen wesentlich mehr Energie erfordert als in gemäßigten Zonen, zum anderen an der Tatsache, daß Thais nun mal arbeiten um zu leben und nicht leben um zu arbeiten.

Thailand hat die meisten offiziellen Feiertage im Jahr. Neben den vielen religiösen oder halbreligiösen Festen sind auch die verschiedenen Neujahrsfeste (1. Januar, buddhistisches und chinesisches Neujahrsfest), dazu noch eine ganze Reihe nationaler Feiertage wie Verfassungstag, Krönungstag sowie die Geburtstage von König und Königin offizielle Feiertage, an denen zumindest die Behörden und Banken geschlossen sind. Und mit ihrer Liebe zu Feiertagen haben sich die Thais noch etwas ganz besonderes ausgedacht. Wenn ein offizieller Feiertag auf ein Wochenende fällt, dann ist auch der folgende Montag arbeitsfrei, damit nur ja kein arbeitsfreier Tag verloren geht. Bezahlt bekommen diese Feiertage allerdings nur diejenigen, die ein Monatsgehalt beziehen, also vor allem Angestellte bei Behörden, Banken und größeren Firmen.

Zu Ehren Buddhas ist hier übrigens anzumerken, daß bei ihm - anders als bei Jesus - Geburt, Erleuchtung und Tod immer am 1. Vollmond des Monats Juni stattfand, so daß alle drei Ereignisse an einem Tag, dem höchsten buddhistischen Feiertag „*Visakha Puja*“ gefeiert werden müssen. Aber Buddha war ja auch kein Thai!

Wir Deutsche neigen leicht dazu, die an unserem Standard gemessene, geringe Arbeitslust der Thais als etwas Negatives anzusehen. Die Einstellung, nur soviel zu arbeiten, wie man zum Leben braucht und sich im übrigen nicht zu überanstrengen und das Leben zu genießen, hat aber durchaus auch etwas Positives.

Insgesamt gibt es allerdings - wenn man von Bangkok und Umgebung einmal absieht - außerhalb der Landwirtschaft auch wenig Möglichkeiten zu arbeiten. Da in Thailand keine Arbeitslosenunterstützung gezahlt wird, existiert auch keinerlei Arbeitslosenstatistik. Wenn man jedoch jeden, der im Jahresdurchschnitt weniger als 30 Stunden pro Woche richtig arbeitet, als arbeitslos bezeichnen würde, dann läge die Arbeitslosenrate in Thailand sicher über 50%.

Dafür wird aber um so mehr gehandelt. Vor allem in den kleinen Städten sieht man entlang den Straßen Dutzende von Geschäften, oder besser gesagt, zur Straße hin offene Boutiquen, etwa in Breite einer Garage. Alle verkaufen mehr oder weniger das gleiche Sortiment, vom Hustenbonbon über Thunfisch in Dosen bis zur Rattenfalle und man muß man sich wundern, wie die Läden alle existieren können. Das gilt auch für die vielen am Straßenrand stehenden Buden und Karren. Oft sind ein oder zwei Klapptische und ein paar Hocker auf dem Bürgersteig aufgestellt und über kleinen Holzkohlefeuern werden schmackhafte Spezialitäten gebrutzelt und zum Verzehr angeboten. Man hat hier manchmal den Eindruck, daß die eine Hälfte der Thais damit beschäftigt ist, die andere Hälfte zu füttern. Essen ist für die Thais nicht nur Lebensbedürfnis, es ist ein nationales Hobby. Gegessen wird zu jeder Tages- und Nachtzeit. Auf dem Lande gehört zu fast jedem dritten Haus ein kleiner Schuppen, wo alles mögliche verkauft und gekocht wird. Wenn man ein Mädchen, das sich in einer Bar ihr Geld verdient fragt, was sie denn später einmal machen will, wird sie unweigerlich antworten: „Wenn ich hier genug Geld verdient habe, fahre ich wieder nach Hause und mache ein kleines Geschäft auf.“ Wenn Thais soviel Spaß am Handeln haben, dann liegt es sicher daran, daß arbeiten eben mühsam, handeln aber *Sanuk* ist.

Das gilt besonders dann, wenn es darum geht, einem *Farang* etwas zu verkaufen. In Bangkok und in den Touristenzentren sind die Bürgersteige in der Nähe der Touristenunterkünfte vollgepackt mit Ständen und Boutiquen, an denen alles verkauft wird, was man sich nur denken kann. Neben allem möglichen Kitsch und Souvenirs, sind es aber hauptsächlich kopierte Uhren, Kleider und Lederwaren, die sich oft von den Originalen mit teuren Namen auf den ersten Blick kaum unterscheiden lassen, aber nur einen Bruchteil dessen kosten, was man bei uns für die Markenware zahlen müßte. Da die Händler in etwa die europäischen Preise für diese Artikel kennen, versuchen sie natürlich mit ihrem ersten Preisangebot möglichst nahe an diesen Preis heranzugehen. Wer nicht weiß, daß der Thai selbstverständlich erwartet, daß jetzt gehandelt werden muß und den geforderten Preis bezahlt, weil er nach seiner Meinung die Ware immer noch wesentlich billiger bekommt als zu Hause, fühlt sich betrogen, wenn er bei seiner Rückkehr ins Hotel jemanden trifft, der nur halb soviel wie er für die gleiche Ware bezahlt hat und wird den Händler vielleicht beim nächsten Treffen beschimpfen.

Damit tut er diesem aber Unrecht. Ein gesunder Geschäftssinn, oder anders gesagt das Bemühen, aus einem Geschäft den größtmöglichen Profit herauszuholen, ist nun einmal die Basis jeden Handels. Wir vergessen dies oft, da wir aus unseren Geschäften feste Preise gewohnt sind, wie sie in thailändischen Kaufhäusern im übrigen auch üblich sind. Wer aber jemals z.B. im Baugewerbe tätig war, der

weiß, daß die Basis der dort bei Ausschreibungen verlangten Preise nicht etwa die tatsächlichen Selbstkosten sind, sondern der größtmögliche Preis, den man unter Berücksichtigung der jeweiligen Konkurrenzsituation noch zu erzielen hofft. Auch geniert sich in diesem Gewerbe bei uns niemand, Preisnachlässe zu fordern und zu gewähren, die oft zweistellige Prozentsätze ausmachen. Warum also soll ein Straßenhändler in Bangkok nicht versuchen, den doppelten Preis für seine Waren zu bekommen, wenn ein an deutsche Preise gewöhnter Tourist dies bezahlt und dabei noch der Meinung ist, ein gutes Geschäft gemacht zu haben?
Anders verhält es sich mit Leuten, die versuchen, einen regelrecht aufs Kreuz zu legen. In der Nähe der Touristenhotels wird man ständig von Thais angesprochen, die sich ganz uneigennützig anbieten, einem die Sehenswürdigkeiten der Stadt oder die günstigsten Einkaufsmöglichkeiten zu zeigen. Wenn man sich auf solche Schlepper einläßt, wird man unbarmherzig übers Ohr gehauen und betrogen. So verlangt ein Bootsfahrer, der einen in Bangkok zum Besuch des berühmten Tempels der Morgenröte auf die andere Flußseite und wieder zurück fährt, glatt den zehnfachen Normalpreis, wenn man im Vertrauen auf den freundlichen Fremdenführer, der einen dort hingeschleppt hat und natürlich mit dem Bootsbesitzer unter einer Decke steckt, nicht vorher den Fahrpreis ausgehandelt hat.

Schlafen

Eine Eigenschaft, die jedem mit Thais in näheren Kontakt kommenden *Farang* besonders auffällt, ist ihr Schlafbedürfnis, oder besser gesagt ihre Fähigkeit, immer wenn sich die Gelegenheit dazu ergibt, ein Nickerchen zu machen. Sitzt man über längere Strecken im Bus und sieht sich um, so ist man von lauter langsam vor sich hinnikkenden Köpfen mit geschlossenen Augen umgeben. Und gar nicht so selten erlebt man, daß der neu zugestiegene Platznachbar einem sein müdes Haupt auf die Schulter legt und sanft entschlummert. Wenn es sich um ein nettes junges Mädchen handelt, kann das manchmal gar nicht so unangenehm sein. Etwas anderes ist es allerdings, wenn es sich um eine alte Frau handelt und einem dann für die nächsten Stunden, die aus dem betelgeröteten und zahnlosen Mund entströmenden Knoblauchdüfte sanft umwehen.

Zuweilen kommt es auch vor, daß der Fahrer des *Tuk-Tuks,* dem man sein Leben im höllischen Hauptstadtverkehr anvertraut hat, die Zeit der an Bangkoks Straßenkreuzungen oft unglaublich langen Rotphasen nutzt, um ein kleines Nickerchen zu machen. Beim Ampelwechsel muß man ihm dann erst einen freundlichen Rippenstoß versetzen, damit er die paar hundert Meter bis zum nächsten Ampelstop schafft, wo sich das Spielchen dann wiederholt.

Wenn man in die große Halle des Hua-Lamphon Hauptbahnhofs in Bangkok kommt, wähnt man sich schon am hellen Mittag in einem Nachtasyl. Überall auf dem Boden der Bahnhofshalle und der Bahnsteige liegen einzelne Personen oder ganze Familiengruppen schlafend herum, die so die Wartezeit bis zur Abfahrt des Zuges nutzen.

Auch an den unzähligen Straßenverkaufsständen sieht man immer wieder das Standpersonal sanft entschlummert mit dem ganzen Oberkörper über der auf dem Verkaufstisch ausgebreiteten Ware liegen, völlig ungestört von dem um sie herum fließenden Verkehr. Der interessierte Kunde muß dann auch erst durch ein sanftes Antippen den Schläfer wieder in die harte Wirklichkeit und ins Geschäft zurückholen.

Im Restaurant oder im Coffee-Shop des Hotels bewegt sich das Bedienungspersonal oft mit einem Tempo, daß man nicht weiß, ob sie oder er schlafwandelt oder wach ist. Ich weiß nicht, ob das nur deshalb geschieht, um bei den hohen Temperaturen Energie zu sparen und nicht ins Schwitzen zu kommen, oder ob es dem Personal anerzogen wird, um den hektischen *Farangs* zu zeigen, daß in Thailand die Uhren eben etwas langsamer ticken. Wenn ich allerdings recht überlege, so habe ich auch meine Amphan nur einmal schnell laufen sehen. Das war, als ihr bei einem Badeurlaub in Phuket, nachdem sie sich mal kurz den neu gekauften Badeanzug im Meer naß gemacht hatte, auf dem Rückweg zu den Liegestühlen unter dem Sonnenschirm, der heiße Sand unter den nackten Fußsohlen brannte.

Auf dem flachen Lande steht eigentlich nur in den paar Tagen nach Beginn der Regenzeit beim Pflügen und Säen und dann wieder bei der Reisernte Arbeit an. In der übrigen Zeit - und das ist knapp gerechnet mindestens das halbe Jahr - wird zu jeder beliebigen Tageszeit eben geschlafen. Nachts natürlich auch, denn bei Einbruch der Dunkelheit steigen aus den immer mit Wasser überfluteten Reisfeldern, die alle Häuser umgeben, massenweise

Moskitoschwärme auf. Dann gibt es nur noch einen sicheren Platz, wo man sich aufhalten kann: Das ist unter dem Moskitonetz, das über jedem Bett aufgespannt ist. Ab 20 Uhr abends gehen deshalb dort, wo ich wohne, alle Lichter aus und die Nachtruhe beginnt.

Die Geister

Thais leben mit Geistern. Für sie sind übernatürliche Mächte genau so selbstverständlich ein Teil der sie umgebenden Welt wie Felsen, Bäume und Kanäle. Dieser Geisterglaube und die sich daraus ergebenden Verhaltensweisen und Tabus kollidieren aber keineswegs mit dem Buddhismus, dem doch immerhin etwa 90 % der thailändischen Bevölkerung angehören. Alle die Regeln, die Lord Buddha vor über 2.500 Jahren aufgestellt hat, einschließlich der daraus entwickelten Bräuche - z.B., daß jeder ordentliche junge Thai vor seinem Militärdienst ein paar Monate ins Kloster geht - sind im Grunde keine religiösen Vorschriften, die, wie bei den anderen großen Religionen auf Weisung eines allmächtigen Gottes eingehalten werden müssen. Es sind praktische Lebensregeln, die es dem leidgeplagten Menschen erlauben sollen, mit den Widrigkeiten dieses Lebens besser fertig zu werden, d.h. sie gelassen und ohne Aufbegehren zu ertragen. Weiterhin sollen sie dazu verhelfen, durch eine vorbildliche Lebensführung im nächsten Leben eine höhere Daseinsstufe und schließlich am Ende vieler Lebenszyklen als Erlösung das Nirvana zu erreichen.

Für das tägliche Leben hingegen, für alles Gute und Böse sowie für das Glück und Unglück, das einem widerfahren kann, ist nicht Buddha zuständig, sondern die uns unsichtbar umgebenden, übernatürlichen Mächte, kurz gesagt, die Geister. Der Glauben an diese Geister ist von den Urvätern übernommen, die dem Animismus anhingen. Er besteht nicht nur neben dem später aus Ceylon eingeführten Buddhismus fort, sondern ist, vor allem auf dem Lande, so mit dem Buddhismus verwoben, daß man als *Farang* oft nicht weiß, ob die im täglichen Leben bei allen möglichen

Gelegenheiten zu beachtenden Regeln und Tabus nun als Buddhismus oder Animismus zu bezeichnen sind. Auch die Mönche, denen eine ihrer Regeln verbietet, an Geisterbeschwörungen teilzunehmen, legen den zu jeder Feierlichkeit gehörenden Zeremonien keineswegs etwas in den Weg. In der Regel gehört bei ländlichen Feiern, z.B. einer Hauseinweihung oder Hochzeit, der Vormittag den religiösen, buddhistischen Riten. Wenn dann die Mönche abgezogen sind, nachdem sie vorher gespeist wurden (vor 12 Uhr, weil sie nachmittags keine festen Speisen zu sich nehmen dürfen), wird der Nachmittag dazu genutzt, nicht nur die vielen geladenen Gäste zu bewirten, sondern auch die Geister bei Laune zu halten.

Bei allen möglichen Gelegenheiten ist es erforderlich, sich mit den Geistern zu arrangieren oder sie freundlich zu stimmen. Da gibt es eine Vielzahl von mehr oder weniger genau einzuhaltenden Tabus und Zeremonien, vor allem natürlich bei solchen besonderen Gelegenheiten wie Geburt und Tod. So muß über der Wiege ein vom Schamanen mit magischen Zeichen beschriebenes weißes Tuch aufgehängt werden, damit die bösen Geister nicht an das Baby gehen. Tote müssen nach Sonnenuntergang mit dem Kopf gen Westen aufgebahrt werden, weil sie jetzt zum Totenreich gehören, das sich irgendwo dort befindet. Dagegen würde es keinem Thai einfallen, sein Bett mit dem Kopfende nach Westen aufzustellen.

Geister sind die eigentlichen Besitzer eines jeden Ortes. Jeder Mensch der sich an einem Ort aufhält oder gar dort arbeiten und Geschäfte machen will, tut gut daran, dem örtlichen Geist seinen Respekt zu erweisen. Das erfordert nicht etwa eine innere Überzeugung oder gar Anbetung des Geistes. Geister sind im Grunde den Menschen nicht unähnlich, das heißt leicht zu täuschen. Es reicht völlig aus, wenn man dem Geist ein kleines Geschenk bringt, z. B. Räucherstäbchen, ein paar Früchte oder einen kleinen Teller Reis und dabei ein ernsthaftes Gesicht macht. Was man dabei denkt oder empfindet ist völlig unwichtig. Hauptsache ist, man setzt eine möglichst unterwürfige und Verehrung ausdrückende Miene auf. Wichtig ist auch, daß man herausfindet, welche Opfergaben der Geist am liebsten hat. So gibt es verschiedene Standardgaben, die jeder Geist mag wie etwa Blumen und Räucherstäbchen. Manche Geister haben aber auch ganz spezielle Gelüste. So liebt der Geist des in der Nähe des Königspalastes gelegenen Stadttempels von Bangkok besonders gebratene Schweinsköpfe. Folglich werden auf Tischen vor dem Tempel für denjenigen, der Grund hat, dem Geist für die Erfüllung eines großen Wunsches besondere Dankbarkeit zu erweisen, reihenweise gebratene Schweinsköpfe feilgeboten. Für Touristen ein etwas makaberer Anblick.

Auch sieht man manchmal große, alte Bäume, um die bunte Schleifen gebunden oder vor denen Opfergaben abgestellt sind. Dies ist ein Zeichen dafür, daß in diesem Baum ein verehrungswürdiger Geist wohnt.

Außer den Ortsgeistern, gibt es für den Thai eine Unmenge verschiedener anderer Geister. Da sind zunächst die guten Geister, die dem Menschen helfen, ihn beschützen und vielleicht seine Wünsche erfüllen. Alle wollen allerdings auch entsprechend verehrt, gebeten, mit Opfergaben günstig gestimmt und bei Erfüllung der Wünsche belohnt werden.

An Gelegenheiten dazu fehlt es nicht. Jede Wohnung hat ihren Hausaltar, und vor jedem Haus steht ein Geisterhäuschen, in dem man den Geistern opfert. An jeder Straßenecke werden kleine Kränze mit frisch aufgezogenen

Blumen verkauft, die zu Hause über den Hausaltar oder aber vor dem Haus an das Geisterhäuschen gehängt werden, um das Wohlwollen der Geister zu gewinnen.

Mit den bösen Geistern ist es etwas schwieriger. Sie wären in unserem Sprachgebrauch etwa als Gespenster zu bezeichnen. Davon gibt es ganz furchterregende Typen, die man in jedem zweiten Thai-Film zu sehen bekommt.
In Wirklichkeit quälen sie die Menschen vor allem nachts im Traum. Die meisten Mädchen lassen, wenn sie mit einem *Farang* nachts in einem fremden Zimmer übernachten, mindestens das Licht im Badezimmer bei offener Tür brennen, damit die Geister nicht gar zu frech werden. Schützen kann man sich gegen die bösen Geister mit Tätowierungen, Amuletten, oder indem man eben durch eifriges Opfern die guten Schutzgeister gegen sie mobilisiert.

Böse Geister müssen erschreckt und verjagt werden, vor allem, wenn sie versuchen, sich bei festlichen Anlässen und großen Menschenansammlungen heimlich einzuschleichen und Schaden oder Unfrieden zu stiften. Das geschieht am besten durch ohrenbetäubenden Lärm, etwa mit Knallfröschen oder anderen lärmerzeugenden Instrumenten. Auch auf volle Lautstärke aufgedrehte Tonanlagen jedweder Art sind hervorragend zum Geisterverscheuchen geeignet.

Und dann gibt es noch die Geister der unlängst Verstorbenen. Nach dem Tode wird der Leichnam noch ein paar Tage lang, meist mindestens eine Woche, zu Hause oder im Tempel aufgebahrt. Während dieser Zeit kommen jeden Tag Mönche und verrichten zusammen mit den Familienmitgliedern und Nachbarn endlose Gebete, die vor allem den Zweck haben, der Seele das Verlassen des Körpers und die Orientierung im ungewohnten Jenseits zu erleichtern. Übrigens dient auch eine nach 100 Tagen oder zum Jahrestag des Todes im Kloster abgehaltene Zeremonie dazu, das Dasein der Seele im Jenseits zu erleichtern, durchaus ähnlich der Jahresmesse bei den Katholiken.

Besondere Angst vor den bösen Geistern haben natürlich die Frauen, vor allem die jungen Mädchen. Das hindert sie aber nicht daran, am liebsten Grusel- und Horrorfilme zu sehen oder Comic-Hefte mit Geistergeschichten zu verschlingen. Je gruseliger es darin zugeht, um so besser kann man sich dann fürchten, wenn es dunkel wird.

Thais wären aber keine Thais, wenn sie nicht auch versuchten die Geister zu beschummeln, schließlich sind es ja auch thailändische Geister. Wenn z.B. ein Baby geboren wird, darf man die stolze Mutter nicht etwa zu dem hübschen Kind beglückwünschen. Das könnten böse Geister hören und das Kind stehlen. Man gratuliert der Mutter also zu dem häßlichen Kind und alle grinsen dabei und wissen, wie es gemeint ist. Auf der anderen Seite muß man das, was man einem Geist für die Erfüllung eines Wunsches versprochen hat, z. B. einen schönen Holzelephanten oder eine Flasche Reisschnaps, auch wirklich geben, wenn der Wunsch erfüllt wird, sonst kann der Geist sehr ärgerlich werden und einem böse Dinge antun.

Was nun die weltliche Zuständigkeit für die verschiedenen transzendenten Welten betrifft, so ist - obwohl für *Farang*s nicht immer ganz verständlich - die Sache für Thais klar geregelt:
Für alles, was mit Buddhismus in weitestem Sinne zu tun hat, sind die gelb gekleideten Mönche zuständig. Für alles aber, was die Geisterwelt betrifft, gibt es die örtlichen Schamanen oder auch entsprechend begabte Medien, die

sich in Trance versetzen und dann direkt mit den Geistern kommunizieren können.

Der König ist das nominelle Oberhaupt aller thailändischen Buddhisten. Zu seinem Hof, dem Hort des Buddhismus im Lande, gehört eine eigene brahmanische Priesterclique mit fest umrissenen zeremoniellen Aufgaben. Darunter fällt auch die jährlich zu Beginn der Regenzeit mit großem Pomp durchgeführte und in voller Länge auf allen Fernsehprogrammen übertragene Zeremonie des Anpflügens. Dabei wird in Anwesenheit des gesamten Königshofes, des Diplomatischen Corps und aller, die im Königreich Rang und Namen haben, von einem durch Brahmanenpriester in vollem Ornat geführten Ochsengespann eine Furche gezogen, in die dann der König selbst die Reiskörner hineinstreut. Anschließend stürzen sich die Zuschauer auf das Feld, um mindestens eines dieser glückbringenden königlichen Reiskörner zu ergattern und zu Hause im eigenen Reisfeld einzupflanzen.

Nicht nur bei den kleinen Leuten auf dem Lande, sondern auch bei den reichen Leuten in Bangkok zeigt sich der Dualismus zwischen Buddhismus und Animismus bei den verschiedensten Gelegenheiten. So wird kein neues Hotel oder Bankgebäude in Bangkok errichtet, bevor nicht ein besonderer Experte angegeben hat, was denn nun genau die günstigste Ausrichtung des Gebäudes und z.B. die richtige Öffnungsseite der Türen ist. Außerdem muß vor dem Neubau eines Hauses außerhalb des Bauplatzes ein Geisterhäuschen aufgestellt werden, dessen Platz von einem Schamanen oder Wahrsager nach bestimmten Kriterien ausgewählt wird. Es soll den aus dem Boden des Bauplatzes vertriebenen Geistern als neue Wohnung dienen, damit sie nicht mit den Menschen zusammen in dem neuen Haus wohnen müssen. Wenn dann das Gebäude fertig ist, kommen wieder die Mönche zum Zuge, die in einer feierlichen Zeremonie das Haus einweihen und segnen.

Das Geisterhäuschen ist meist ein vorfabrizierter, auf einem Sockel stehender Miniaturtempel. In manchen Fällen, etwa bei großen Hotels oder Hochhäusern, werden auch große, kunstvolle Schreine errichtet, die dann, wie der Erawanschrein mitten an der verkehrsreichsten Straßenkreuzung in Bangkok, wegen der vielen davon berichteten Wunscherfüllungen zu regelrechten Wallfahrtsorten mit fest angestellten Tempeltänzerinnen und täglich mehreren Tausend Besuchern werden können.

Natürlich muß den Geistern der Aufenthalt in dem neuen Wohnsitz auch so angenehm und schmackhaft wie möglich gemacht werden. Das geschieht mit Inneneinrichtungen, die manchmal an unsere Puppenstuben erinnern und mit häufigen Opfergaben, Kerzen u.s.w. So sieht man überall in Bangkok an den Straßenrändern, die mit kleinen Schalen Reis, Wasser, Obst, frischen Blumenkränzen oder auch mal einem Gläschen Schnaps oder Bier beladenen Geisterhäuschen. Wenn wir abends mit ein paar Nachbarn vor dem Haus sitzen und ich eine Flasche Schnaps aufmache, wird immer der erste Schluck in ein Gläschen geschüttet, das auf dem Hausaltar steht, als Gabe für den Hausgeist.

Wenn Amphan auf den Markt geht und Früchte mitbringt, wird immer etwas davon für die Geister abgezweigt, bevor die Familie sich über das Mitgebrachte hermacht. Auf meine etwas spöttische Frage, ob sie denn tatsächlich glaube, daß die Geister sich an den aufgestellten Früchten laben, antwortete sie mir: „Du hast mir doch erzählt, daß ihr zum Geburtstag deiner Mutter an ihrem Grab Blumensträuße hinlegt. Glaubt ihr denn etwa, daß der Geist der Mutter aus dem Grab herauskommt und an den Blumen schnuppert?“ Dazu war nun nichts mehr zu sagen.

Geister sind eben immaterielle Wesen, die den guten Willen für die Tat nehmen, als Zeichen, daß an sie in respektvoller Form gedacht wird. Dementsprechend wäre es auch eine Todsünde, die nur von unverständigen *Farang*s manchmal begangen wird, sich im Vorbeigehen eine frische Banane oder Orange von dem vor dem Geisterhäuschen stehenden Teller zu schnappen. Solch eine schwere Beleidigung der Geister kann böse Strafen, wie Unfälle oder Krankheiten nach sich ziehen und zwar nicht nur für den Sünder, sondern auch für den Hausbesitzer, der nicht besser aufgepaßt hat. Der *Farang* darf sich also nicht wundern, wenn in solch einem Falle die Thais unverhältnismäßig hart reagieren. Nach meiner Erfahrung ist so eine Beleidigung des Hausgeistes ein viel schwererer Fauxpas als einem Kind über den Kopf zu streicheln oder auf eine Banknote, die ja immer das Bild des Königs trägt, zu treten, wenn sie einem aus der Hand geglitten ist und wegzufliegen droht. Vor diesen kleinen Tabuverstößen wird zwar in manchen Reiseführern gewarnt, sie lassen aber den Durchschnitts-Thai völlig kalt.

Wer eine Buddha-Statue respektlos behandelt - eine böse Sache für Thai-Begriffe - beleidigt nicht etwa den Buddha, sondern den Geist der in der Statue wohnt. Für den Thai ist die Statue Sitz eines guten Geistes, der entsprechend respektiert werden will.

Thais werden also immer versuchen, sich vor allem mit denjenigen Geistern, mit denen sie täglich zu tun haben, also mit den Hausgeistern, möglichst gut zu stellen. Dabei behandeln sie die Geister nicht viel anders als menschliche Wesen, die einem nützen oder schaden können. Je nach

Situation wird man dem jeweiligen Geist schmeicheln, ihn um etwas bitten, ihn bestechen oder beschummeln, ihn belohnen, wenn er geholfen oder auch schon mal mit ihm schimpfen, wenn er nicht geholfen hat.

Im Haus von Amphans Eltern steht in der Ecke der Hausaltar, auf dem friedlich neben einigen Urnen mit der Asche von Familienmitgliedern und einigen bunten Figuren, die an Kinderspielzeuge erinnern, auch immer ein paar Flaschen Schnaps stehen. Wer in der Familie ein Anliegen an den Hausgeist hat, sei es, daß er bei Zahnschmerzen helfen, Regen oder einen Lotteriegewinn bringen soll, der geht mit seinem Problem zum Hausaltar und verspricht dem Geist für den Fall der Hilfe eine, oder bei größeren Wünschen auch mehrere Flaschen Schnaps. Natürlich muß der Geist das Versprochene dann aber auch wirklich bekommen, wenn der Wunsch erfüllt worden ist. Hat er aber nicht geholfen, dann kriegt er eben nichts.

Wenn wir mal abends mit der Familie und vielleicht ein paar Nachbarn vor dem Haus sitzen, um eine Flasche *Mekhong*-Whisky leer zu machen, die ich spendiert habe, dann passiert es schon mal, daß die Flasche leer, die versammelte Gesellschaft aber noch nicht voll ist. Dann gehe ich einfach zum Hausaltar, frage den Hausgeist in geziemender Form, ob er mir eine Flasche von seinem Schnaps leiht (er hat noch nie nein gesagt) und dann kann die Party weiter gehen. Natürlich muß ich dann sehen, daß der Geist seine Flasche am nächsten Tag mit Dank und möglichst mit einem kleinen Opferteller voll Obst oder Blumen wieder zurückbekommt.

Ich habe allerdings in den vielen Jahren das Rätsel noch nicht lösen können, was tatsächlich mit den Flaschen geschieht, denn obwohl von Zeit zu Zeit ständig neue hingestellt werden, bleibt die Gesamtzahl auf dem Altar mit etwa 5 Flaschen immer gleich. So ganz kann ich mich bis heute noch nicht zu dem Glauben durchringen, daß der Hausgeist tatsächlich Schnaps trinkt und dann sogar die leeren Flaschen entsorgt. Stattdessen hege ich eher den Verdacht, daß hier der Opa dem Hausgeist manchmal aushilft.

Auf dem Lande werden von Zeit zu Zeit noch regelrechte Geisterfeste gefeiert. Ein Geisterfest soll dazu dienen, die Unterstützung der Geister für ein besonderes Vorhaben oder für die Abwendung einer Pechsträhne zu gewinnen oder, um sie für einen besonderen Glücksfall, z. B. einen großen Lotteriegewinn, zu belohnen.

Solch ein Geisterfest dauert in der Regel drei Tage. Am ersten Tag werden die gewünschten Geister gerufen. Das sind entweder die Geister verstorbener hervorragender Familienmitglieder oder den Belangen der Familie günstig gesinnte Hausgeister. Eine als Medium ausgesuchte Person setzt sich vor den Hausaltar, bedeckt sich mit einem weißen Tuch und versetzt sich, unterstützt durch die im Halbkreis herumsitzenden Trommler und Beschwörungsformeln singenden Familienmitglieder, in Trance. Wenn das Medium plötzlich das weiße Tuch abwirft, völlig abwesend ist und mit fremder Stimme spricht, wissen alle, daß jetzt ein Geist von ihm Besitz ergriffen hat. Dabei ist dann zu hoffen, daß es der richtige, wohlgesinnte Geist ist und daß nicht irgendein herumvagabundierender, nutzloser Geist die Gelegenheit ergriffen hat, sich zu materialisieren. Solch ein Streuner ergreift auch unter Umständen von irgend einem der anderen Anwesenden Besitz, so daß die Teilnahme an solch einer Zeremonie auch ihre Risiken hat. Die Familienmitglieder können nun Fragen an den Geist stellen, die das Medium dann mit der Stimme des Geistes beantwortet. Nach einiger Zeit verläßt der Geist - unterstützt durch entsprechende Beschwörungsformeln - das Medium wieder. Dieses wacht erschöpft auf und hat keinerlei Ahnung mehr von dem, was in der Zwischenzeit vorgefallenen war.

Der zweite Tag dient hauptsächlich dazu, den Geistern mit all den Dingen, die sie als Thais ja auch zu Lebzeiten erfreut haben, die Anwesenheit so angenehm wie möglich zu machen. Dazu dienen traditionelle Volksstücke, für die eine eigene, professionelle Schauspieltruppe engagiert wird, ferner viel Musik und Tanz. Hinzu kommt dann noch ein Angebot an Essen und Trinken im Überfluß. Die ganze recht kostspielige Angelegenheit wird von der veranstaltenden Familie finanziert.

Am dritten Tag, an dem alle Teilnehmer meist schon ziemlich angeschlagen sind, geht es dann vor allem darum, die Geister höflich dazu zu bewegen, jetzt zu verschwinden. Schließlich will man ja auch wieder seine Ruhe und ein von Geistern weitgehend ungestörtes Leben führen.

Bei unserem Nachbarn, der sein Haus direkt uns gegenüber auf der anderen Kanalseite hat, lief kürzlich über drei Tage und Nächte solch ein Fest mit voller Beteiligung der ganzen Nachbarschaft ab. Es wurde gegessen und getrunken, ein traditionelles Theaterspiel aufgeführt und am zweiten Tag kamen die Mönche zu einer gemeinsamen buddhistischen Andacht mit der Gemeinde. Zwischendurch aber dröhnten ununterbrochen die Trommeln, begleitet von heulenden und eintönigen Gesängen oder besser Rezitationen, zu deren Klängen sich dann diejenigen, die dazu in der Lage waren, unter den andächtigen Augen der ganzen Gemeinde in Trance tanzten oder vom Boden sitzend hochschaukelten. Da alles, wie bei Thais üblich, über

Lautsprecher nach draußen übertragen wurde, bekamen nicht nur die Geister, die der ganze Zirkus freundlich stimmen sollte, sondern auch ich über drei Tage und vor allem Nächte alles mit und war für mein Teil nach zwei schlaflosen Nächten gar nicht so freundlich gestimmt. Dabei war ich mir manchmal nicht klar darüber, ob die ohrenbetäubende Lautstärke nun dazu diente, um auch das Wohlwollen des letzten schwerhörigen Geistes zu erwekken oder etwa dazu, die bösen Geister zu erschrecken und zu verjagen.

Zum Abschluß der Geistergeschichten noch eine kleine Story, die typisch für die Denkensweise der Thais beim Umgang mit den Geistern ist. Es ist die makaber-lustige Geschichte von Manfreds Geist:

Manfred war ein typischer Aussteiger aus der Gegend von Braunschweig. Er hatte Anfang der 70er Jahre die Heimat auf der Flucht vor Ehefrau und Finanzamt verlassen und sich mit dem rechtzeitig noch beiseite geschafften Geld eine kleine Bar in dem damals gerade vom Pauschaltourismus neu entdeckten Badeort Pattaya gekauft. Ich habe im Laufe der Zeit viele *Farang*s getroffen, die mit einer ähnlichen Lebensgeschichte wie Manfred eine Kneipe aufgemacht haben. In den meisten Fällen waren sie nach ein paar Jahren am Ende und das Geld war futsch. Ob eine *Farang*-Kneipe in den Pauschaltouristenzentren längerfristig Erfolg hat, hängt weder von der Ausstattung noch von den Mädchen hinter der Theke noch von den Bierpreisen ab. Entscheidend ist, daß es dem Inhaber gelingt, in der Bar eine Atmosphäre zu schaffen, in der sich der meist im mittleren Alter befindliche Tourist wohlfühlt. Kurz gesagt, eine Stammtischatmosphäre in der Fremde, wo man Kumpel trifft, mit denen man klönen und trinken kann und vor allem einen Wirt, der einen schon am zweiten Tag der Bekanntschaft wie einen alten Freund begrüßt.

Solch ein Kerl war Manfred: Seine Bar war schon am frühen Nachmittag voll, allerdings war Manfred es auch meistens. Es wurde laufend Chicago gespielt und wer dieses schöne Würfelspiel kennt, der weiß, daß alle 5 oder 10 Minuten eine Runde fällig ist. Die Gäste wechselten im Laufe des Abends, Manfred aber blieb. Es ist klar, daß er am frühen Abend, wenn er auch noch kräftig beim Knobeln und Runden vertilgen mithalten konnte, keinen Überblick mehr über das hatte, was in seinem Laden geschäftlich lief. Dafür war nun seine Thai-Frau zuständig: Eine stabile, schon etwas angejahrte Dame mit einigen dicken Goldketten über dem ansehnlichen Busen, die hinter der Kasse thronte und die Bedienung dirigierte. Jedesmal, wenn ich nach ein paar Monaten wieder nach Pattaya kam, war der Goldschatz, den die Dame vor sich her trug, um mindestens eine weitere Kette gewachsen.

Aber eines schönen Tages hatte sie genug von ihrem immer betrunkenen Manfred oder aber genug Goldketten angesammelt - wahrscheinlich beides. Als ich wieder einmal nach Pattaya kam, war sie jedenfalls verschwunden. Von da an ging es mit dem Geschäft bergab. Zwar war der Laden immer noch voll von Gästen und Manfred animierte und schluckte wie eh und je. Da er aber im täglichen Tran nicht in der Lage war, sein Personal zu kontrollieren, wurde er nach Strich und Faden ausgenommen und bestohlen. Er wäre mit seinem Laden bald am Ende gewesen, wenn nicht ein anderer *Farang* mit seinem, ebenfalls vor Frau und Finanzamt geretteten Geld bei ihm mit eingestiegen wäre. Peter, ein baumlanger Schweizer, trank keinen Schluck Alkohol, und so ergänzten sich die beiden bestens. Manfred sorgte für den Umsatz und Peter dafür,

daß die Gäste richtig bedient wurden und die Kasse stimmte.
Und von hier an wird die Geschichte makaber. Als ich eines schönen Tages wieder nach Pattaya kam und mich mein erster Weg in Manfreds Kneipe führte, stand nur noch Peter hinter der Theke. Auf meine Frage wo denn Manfred wäre, meinte er ganz trocken, daß ich den in einem Kühlfach im Leichenschauhaus der nächsten Kreisstadt besichtigen könnte, wenn ich ihn denn unbedingt sehen wollte. Dort lag er schon seit über einem Monat, nachdem seine arg strapazierte Leber die weitere Mitarbeit verweigert hatte, und wartete darauf, daß sich die deutsche Botschaft und die verlassene Familie darüber einigten, wer denn nun die Überführungskosten nach Deutschland bezahlen würde.

Nachdem nun alle Anwesenden in stillem Gedenken an den so plötzlich Verschiedenen ein Glas oder auch mehrere geleert hatten, beglückwünschte ich Peter, daß er nun mit seiner Thai-Frau in Manfreds schöne Wohnung einziehen konnte. Über dem Lokal befand sich nämlich eine Wohnung mit Blick aufs Meer und vor allem mit einer kühlen Brise, die nachts durch das offene Fenster hereinwehte. Peter hingegen hatte mit seiner Frau beim Eintritt in das Geschäft eine im hinteren Teil des Hauses gelegene, ursprünglich für das Personal gedachte, stickige und immer unerträglich heiße Kammer beziehen müssen.

Mit dieser Bemerkung hatte ich aber gleich in das richtige Fettnäpfchen getreten. Wütend erklärte mir Peter, daß er selbstverständlich, nachdem die sterbliche Hülle von Manfred den Weg in die Kühltruhe angetreten hatte, seine Sachen aus der Hinterhofkammer in die schöne Wohnung eingeräumt habe, daß sich dann aber seine Frau standhaft geweigert hätte, in der neuen Wohnung zu übernachten, da der Geist des Verstorbenen noch darin weilte. Wenn Peter also nun nicht alleine schlafen wollte - und das wäre ihm bei seiner ansehnlichen Frau sicher schwer gefallen - blieb ihm nichts anderes übrig, als wieder in die alte Kemenate zu seiner Frau zu ziehen und die schöne Wohnung erst mal leer stehen zu lassen.

Nun hatten Freunde aus Deutschland für Manfred eine Dose eingemachter Hausmacher-Leberwurst mitgebracht, ein begehrter Leckerbissen für jemanden, der schon so lange aus der Heimat weg ist und eine deutsche Spezialität, die in Thailand natürlich nicht zu bekommen war. Da nun der verschiedene Manfred für die Leberwurst keine Verwendung mehr hatte, war Peter als der augenscheinliche Erbe in den Besitz dieser Dose gekommen. Er hatte sie aufgemacht, sich eine köstliche Portion genehmigt und dann die angebrochene Dose im Kühlschrank deponiert. Er gab ausdrücklich Weisung an seine Frau und das gesamte Personal, daß die Wurst ausschließlich für ihn reserviert sei und nicht etwa an die Gäste vergeben werden dürfe. Um so erstaunter war er, als am nächsten Tag aus der Dose eine tüchtige Portion fehlte. Auf Befragen versicherte ihm seine Frau und das gesamte Thai-Personal, daß sie die fehlende Wurst weder gegessen noch an Gäste ausgegeben hätten. Als am nächsten Tag nun aber die Dose plötzlich leer war, drehte Peter durch. Er ging zur intensiveren Befragung über und beschuldigte seine Frau ihn belogen zu haben. Diese Beleidigung wollte sie nicht auf sich sitzen lassen und offenbarte schließlich den tatsächlichen Sachverhalt: Die Wurst war wirklich weder von den Thais gegessen noch an Gäste verkauft worden, sondern Peters Frau hatte abends einen Teller mit einer dicken Portion Leberwurst auf die Treppe zu Manfreds Wohnung gestellt, um den Geist von Manfred freundlich zu stimmen und zum Verlassen der Wohnung zu bewegen. Als morgens der Teller leer war - die Wurst war nachts natürlich von den Ratten gefressen worden - war sie sicher, daß Manfreds Geist das Opfer gnädig angenommen hatte. Zur Sicherheit hatte sie jedoch in der nächsten Nacht die Zeremonie mit dem Rest der Wurst wiederholt.

Als Peter diese Geschichte nach vielen hin und her schließlich herausbekommen hatte, bekam er einen Wutanfall. Da hatten die geistergläubigen Weiber - das Personal der Bar war natürlich mit von der Partie - seine schöne Leberwurst an die Ratten verfüttert. Ein handfester Ehekrach war unvermeidlich. Seine Frau drohte, daß sie nicht länger mit so einem schlechten Menschen zusammenleben wollte, der so geizig war, daß er dem Geist seines verstorbenen Freundes nicht mal eine angebrochene Dose Leberwurst gönnte, wo er doch genau wußte, wie gerne Manfred die Wurst gegessen hätte. Und im übrigen hatte sie das ja nur ihrem Mann zuliebe getan, um endlich in die schöne Wohnung einziehen zu können. Was blieb Peter also anderes übrig: Zur Wiederherstellung des Familien- und Arbeitsfriedens - denn auch alles Personal der Bar war natürlich der gleichen Meinung - mußte er sich entschuldigen und das noch durch den Kauf einer neuen Goldkette für seine Frau bekräftigen.

Damit war die Story aber noch nicht ganz zu Ende. Als Peter diese Geschichte erzählte, saßen wir mit mehreren Deutschen vor der Bar und fielen vor Lachen natürlich fast vom Hocker. Meine Amphan saß, wie sich das so gehört, ein paar Plätze weiter, nuckelte an einer Flasche Cola und fragte mich, worüber wir denn so furchtbar lachten. Aber als ich ihr die Story schließlich mit einiger Mühe übersetzt hatte, wurde sie plötzlich böse. Sie konnte gar nicht verstehen, daß die *Farang*s sich darüber kaputt lachen konnten, daß Peter dem Geist seines toten Freundes nicht mal ein bißchen Leberwurst gönnte. Sie für ihr Teil würde von jetzt an keinen Fuß mehr in das Lokal eines so abgrundtief schlechten und geizigen Menschen setzen.

Ahnenverehrung

„Ehret die Ahnen!" - Das ist auch in Thailand, wie bei allen religiösen Völkern, eine selbstverständliche Pflicht. Allerdings nimmt diese Ahnenverehrung hier manchmal Formen an, die uns Europäer etwas seltsam anmuten.

Als Amphans Mutter vor ein paar Jahren starb, befand ich mich gerade in Deutschland. Das hinderte die Familie nicht daran, mich als zweifellos reichsten Schwiegersohn, angemessen an den gar nicht geringen Kosten der Begräbnisfeierlichkeiten zu beteiligen (wofür haben wir denn so ausgezeichnete Telefon- und Bankverbindungen zwischen Deutschland und Thailand). An dem Fest selbst - und für Thais ist eine Beerdigung Grund für ein größeres Fest - konnte ich leider nicht teilnehmen.

Die Mutter war zuerst eine Woche im Haus aufgebahrt und dann im Krematorium des örtlichen Klosters in Anwesenheit der ganzen Familie eingeäschert worden. Urteilt man nach den Kosten, so waren dazu wohl noch mehrere hundert Trauergäste geladen.

Als ich nun einen Monat später wieder nach Thailand kam und die ganze Großfamilie begrüßt hatte, fragte mich Amphan auf einmal, ob ich denn nicht auch der Oma guten Tag sagen wollte. Ich hielt das zunächst für einen Scherz, denn die alte Dame war, wie ich wußte, doch schon vor über einem Monat eingeäschert worden. Amphan führte mich aber zum Hausaltar, hob den Deckel von der darauf stehenden Urne und dann konnte ich tatsächlich die darin liegenden sterblichen Reste der Oma besichtigen und begrüßen.

Nach einem Jahr war es aber an der Zeit, einen ruhigeren und günstigeren Platz für die Oma zu finden. Alle Kinder und Schwiegerkinder legten also zusammen und kauften einen schönen *Chedi*. Das ist eine etwa 3 Meter hohe, abgestufte Pyramide, wie sie bei vielen Tempelanlagen zu sehen ist. Die Urne wurde nun in feierlicher Prozession vom Haus zum Kloster transportiert. Vorweg neun Mönche, dann zwei Enkelkinder mit einem großen Photo der Verblichenen, dann der Opa mit der Urne und dahinter die ganze Familie und Trauergemeinde, einschließlich meiner Person. Im Kloster angekommen, wurde die Urne dann mit entsprechenden Segnungen der anwesenden Geistlichkeit in einer Öffnung des an der Klostermauer aufgestellten *Chedis* zur endgültigen Ruhe gebettet.

In der großen Pyramide ist nun noch viel Platz für andere Familienmitglieder und vielleicht findet auch einmal meine Asche dort unter einem großem schattigen Baum an der ruhigen Klostermauer ihre letzte Ruhe. Das wäre mir jedenfalls eine angenehmere Aussicht, als eines schönen Tages in einem nassen, kalten Loch auf einem städtischen Friedhof in Deutschland verbuddelt zu werden.

Eine Woche nach der feierlichen Beisetzung kam Amphan auf einmal mit einem 35 x 50 cm großen, bunten Portraitphoto von sich an, das sie in einem Photostudio in Bangkok hatte anfertigen lassen. Auf meine Frage, was für einen Sinn es denn wohl hätte, sich sein eigenes Portraitphoto auf die Kommode zu stellen, wo man sich doch jeden Morgen, ob man will oder nicht, im Spiegel betrachten muß, sagte sie: „Das ist einmal für meine Beerdigung. Da möchte ich, daß ein schönes Bild von mir vor der Urne hergetragen wird.“ Man soll eben rechtzeitig an sein Ende denken!

Eine andere, etwas außergewöhnliche Art, das Andenken an einen lieben Verstorbenen zu pflegen, habe ich einmal bei einer alten Nachbarin erlebt, bei der ich auf einem Spaziergang durch die Felder auf einen Schluck frischen Regenwassers aus der Regentonne eingekehrt war. Froh und geehrt über meinen Besuch und darüber, daß ich sie fragte, ob das Bild des rüstigen Thais auf dem Hausaltar ihren verstorbenen Mann darstellte, erzählte sie mir zunächst eine Stunde lang, was der Verblichene für ein guter Mensch gewesen sei. Dann fing sie an, in einer auf dem Altar stehenden kleinen Kiste zu kramen und brachte schließlich die dritten Zähne ihres lieben Gatten ans Tageslicht, die ich dann gebührend bewundern und sogar in die Hand nehmen durfte. Es waren wirklich ein paar schöne Beißer!

Gruselgeschichten

Thais gruseln sich gerne. Was man bei den von Europäern oft als sanftmütig gepriesenen Thais gar nicht erwarten würde, ist ihr Vergnügen an möglichst gruseligen, ja grausamsten Geschichten. Je gruseliger es in einem Film oder einem Comic-Heft zugeht und je grausamer und blutiger die Bilder in den Zeitungen sind, desto wohler kann man sich selber fühlen und desto mehr kann man bei allem täglichen Elend froh darüber sein, daß man von solch bösen Dingen verschont geblieben ist.

Wenn meine Amphan vom Marktbesuch in der Stadt ein paar Videos für das Heimkino mitbringt, sind mehr als die Hälfte davon Gespensterfilme, die dann abends vor dem Schlafengehen von der ganzen Familie sowie der halben Nachbarschaft mit wohligem Erschauern konsumiert werden.

Bei Berichten über Unfälle und Katastrophen, insbesondere bei den häufigen Autounfällen, über die täglich in den Fernsehnachrichten berichtet wird, zeigt man die Opfer und ihre Verletzungen immer in Großaufnahme. Ja es gibt sogar eine eigene, an allen Zeitungskiosken ausliegende und besonders gerne von den Frauen gelesene Zeitschrift, in der nur Bilder von Ermordeten oder Unfalltoten zu sehen sind und zwar mit den grausamsten Details. Da wimmelt es nur so von aus den Leichen herausragenden Messern, aufgeschlitzten Bäuchen, abgetrennten Körperteilen und natürlich Blut, viel Blut, kurz den grausigsten Details und dazu noch den entsprechenden Texten.

Sanuk - Sanahm

Das Thai Wort *Sanuk* bedeutet Spaß und *Sanahm* bedeutet Freude. *Sanuk Sanahm* ist also der Spaß an der Freude. Diese Worte hört man immer wieder, wenn in Thailand ein paar Leute zusammenkommen. Sogar bei der Arbeit versucht man, möglichst in Gruppen zusammenarbeitend, soviel Spaß wie möglich zu haben. Es ist sicherlich kein Zufall, daß in der Thai-Sprache das Wort *Ngahn* sowohl Fest und Party als auch Arbeit bedeutet. Man kann bestimmt nicht behaupten, daß die Thais ein besonders arbeitsfreudiges Volk sind, andererseits kommt ihnen auch nicht in den Sinn, den Zwang zur Arbeit als eine von Gott verordnete Strafe für die Menschen anzusehen, etwa nach dem Bibelwort: „Im Schweiße deines Angesichts sollst du dein Brot verdienen."

So gibt es auch in Thailand eine Menge offizieller und halboffizieller Feiertage, an denen zumindest alle Banken und Behörden geschlossen sind. Man tut als Tourist gut daran, sich über diese Feiertage zu informieren, da man sonst bei wichtigen Besuchen, etwa bei der Visabehörde oder der Bank vor geschlossenen Türen steht. Die Thais feiern z.B. dreimal im Jahr Neujahr. Zuerst wie bei uns am 1. Januar, der seit 1941 als offizieller Jahresanfang gilt. Dann kommt im Februar das chinesische Neujahrsfest. Dies ist zwar kein offizieller Feiertag, aber in den Städten sind alle Geschäfte geschlossen und in Bangkok herrscht der schwächste Straßenverkehr des ganzen Jahres. Und schließlich kommt Mitte April noch *Songkhran*, das alte thailändische Neujahrsfest, das drei Tage lang gefeiert wird. Jeder auswärts arbeitende Thai versucht, wenn irgend möglich, zu *Songkhran* nach Hause zu fahren. In den Familien werden die Alten geehrt. Sie werden von allen Kindern und Enkelkindern mit geweihtem Wasser begossen und erhalten Geschenke. Alle Fernverkehrsmittel wie Busse, Züge oder Flugzeuge sind ein paar Tage vor und nach *Songkhran* restlos überfüllt, so daß man als Besucher gut daran tut, in dieser Woche innerhalb Thailands möglichst nicht herumzureisen.

Auf den Straßen hingegen läuft an *Songkhran,* zum Ende der Trockenzeit, eine fröhliche Wasserschlacht ab, der sich vor allem kein *Farang* entziehen kann. Wenn man sich darauf eingestellt hat und nur kurze Hosen und ein T-Shirt trägt, kann das bei Temperaturen um die 40° Celsius so richtig Spaß machen. Kommt man aber gerade an diesem Tag in Bangkok an und kriegt auf dem Weg vom Flughafen zum Hotel mehrmals einen Eimer Wasser durchs offene Taxi- oder Busfenster über den guten Reiseanzug, dann kann dem auf solche Sitten nicht eingestellten *Farang* schon der Spaß vergehen. Es hat aber absolut keinen Sinn, hier böse zu reagieren. Am besten, man packt alles, was unter Feuchtigkeitseinwirkung Schaden nehmen kann, in eine Plastiktüte, läßt die wasserempfindliche Kamera zu Hause, zieht sein ältestes T-Shirt an und stürzt sich mit in die Wasserpantscherei. Selbst die zur Aufrechterhaltung der Ordnung eingesetzte Polizei macht bei dem Karneval mit und läuft in klatschnassen Uniformen herum.

Die Thais sind ein geselliges Völkchen und vor allem auf dem Lande, wo es nicht so viele Möglichkeiten zum Zeitvertreib wie in Bangkok gibt, lieben die Leute nichts so sehr wie ein fröhliches Beisammensein mit Freunden oder Bekannten, möglichst mit Musik, Essen und Trinken und mit der Möglichkeit zu einem Tänzchen. Jede Gelegenheit, ein kleines oder größeres Fest zu feiern wird genutzt, egal ob es eine Hochzeit, ein Geburtstag, eine Mönchsweihe, eine Hauseinweihung oder eine Beerdigung ist. Gefeiert wird nicht etwa nur im Familienkreise, sondern je mehr Nachbarn und Freunde dazu kommen, um so besser. Zu solch einem Fest werden aufwendig gedruckte, goldumrandete Einladungen verteilt. Durchschnittlich nehmen etwa 200 - 300 Gäste an derartigen Festlichkeiten teil. Es wird natürlich eine Menge gegessen und vor allem getrunken. Oft spielt eine kleine Band oder eine *Rikeh*-Truppe. Das ist eine typische Thai-Burleske, etwa eine Mischung aus Volks- und Kasperletheater, die über 3 - 4 Stunden läuft.

Das alles ist natürlich nicht billig, und deshalb sitzt am Eingang des Festgrundstückes ein schreibkundiger Herr an einem Tisch, kassiert von jedem der eingeladenen Gäste eine in einem Umschlag überreichte Spende und trägt den Betrag säuberlich in eine Liste ein. Da der zu spendende Betrag sich nach dem jeweiligen Status, also dem tatsächlichen oder vermuteten Reichtum richtet, kommt mich die Teilnahme an solch einem Spaß nicht gerade billig. Während die anderen Nachbarn vielleicht 100 Baht in den Umschlag stecken, wird von mir als reichem *Farang* mindestens das Doppelte oder Dreifache erwartet. Aber dafür braucht man zu solch einer Einladung auch keine Blumen wie in Deutschland mitzubringen, die ja auch nicht gerade billig sind. Und wenn in meinem Haus in Thailand einmal ein Fest fällig ist, etwa wenn einer von Amphans Jungen seine obligatorische Klosterzeit antritt, sind die Nachbarn natürlich gezwungen sich entsprechend ihrem Einkommen ähnlich spendabel zu zeigen.

Überhaupt ist es keineswegs anstößig, sondern sogar üblich, bei jeder Gelegenheit, ob Mönchsweihe oder Beerdigung, einen Geldbetrag zu überreichen. Thais sind eben Realisten. Sie finden, daß die beste Art, jemandem seine

Wertschätzung zu zeigen darin besteht, ihm freigiebig Geld zu geben. Das gilt durchaus auch für das Verhältnis zwischen Mann und Frau.

Falls nun gerade kein Fest ansteht, bieten sich eine Menge anderer Möglichkeiten für *Sanuk Sanahm.* Da wird zum Beispiel von den jungen Leuten in meiner Nachbarschaft eine gemeinsame Fahrt über 200 km zum Seebad Hua-Hin organisiert, um dort den Sonnenaufgang über dem Meer zu sehen. Wie immer, wenn Thais etwas Wichtiges beschließen, geschieht das aus einem plötzlichen Impuls heraus, mehr oder weniger improvisiert. Wenn etwas lange im voraus geplant wird, geht das meist schon vor der Realisierung wieder in die Binsen, weil mehrere Teilnehmer zwischenzeitlich ihre Meinung geändert haben.
Ein kleiner, offener Laster, ein sogenannter Pickup, wird gechartert und die Abfahrt für Mitternacht verabredet, damit man morgens um 6 Uhr zum Sonnenaufgang an Ort und Stelle ist. Nach dem üblichen Durcheinander fährt der Wagen auch wirklich gegen ein Uhr nachts los, beladen mit ca. 15 Jungen und Mädchen, ein paar Trommeln und ausreichend Speisen und Getränken. Die ganze lange Fahrt über wird ununterbrochen gesungen, wozu die Trommeln den Takt angeben. Tatsächlich noch rechtzeitig angekommen, lassen sich alle am Strand nieder, die meisten schlafen ein, aber ein paar erleben in der Tat mit „ah!" und „oh!" den schönen Sonnenaufgang über dem Meer.
Dann wird die mitgebrachte Verpflegung ausgepackt. Jeder stärkt sich mit Speis und Trank, ein paar ganz Mutige gehen einmal mit den Füßen oder mit aufgekrempelten Hosenbeinen ins Wasser und dann wird langsam wieder zum Aufbruch gedrängt, denn wenn die Sonne höher steigt, könnte man eventuell noch um eine Schattierung dunkler werden als man schon ist, und davor haben vor

allem die Mädchen eine Heidenangst. Nun geht die Fahrt wieder mit Gesang und Getrommel über 5 Stunden zurück und wenn man am Nachmittag zu Hause ankommt, todmüde, von Mücken zerstochen, mit einem Brummschädel vom Schnaps oder dem ewigen Geschaukel auf dem ungefederten Wagen, sind alle Teilnehmer der Meinung, daß man richtig *Sanuk Sanahm* gehabt habe.

Sobald bei solch einem geselligen Beisammensein Musik erklingt, egal ob vom Kofferradio oder mit irgendwelchen Instrumenten selbst fabriziert, wird getanzt und zwar der typische thailändische *Ram-Wong*. Das ist ein Tanz, bei dem sich die Partner nicht berühren, sondern unter graziöser Verdrehung der Hände und Arme einander umtanzen. Den *Ram-Wong* tanzen nicht nur Paare miteinander, sondern auch Männer mit Männern und Frauen mit Frauen. Die unglaubliche Leichtigkeit der Bewegungen verleitet dann oft den bei einem solchen Fest anwesenden *Farang* dazu, es auch einmal zu versuchen, vor allem wenn er von netten Mädchen dazu aufgefordert wird. Dabei macht er sich unweigerlich zum Affen, wenn er mit der Grazie eines liebeskranken Elefanten eine zierliche Thai umtanzt. Dagegen bin ich immer wieder fasziniert, mit welch graziösen Bewegungen sich selbst dicke Thai-Marktweiber beim *Ram-Wong* bewegen.

Als ich einmal über Weihnachten in Bangkok war, wurde ich zum Heiligen Abend von einem Bekannten, der in der *Soi Cowboy* eine Go-Go-Bar betrieb, zu einer Weihnachts-Party in sein Lokal eingeladen. Zu dem feierlichen Anlaß waren nicht nur alle männlichen Gäste mit Schlips und Kragen erschienen, sondern auch die weiblichen Beschäftigten des Etablissements hatten ihre besten Thai-Kostüme angelegt. Da es eine private Weihnachtsfeier sein sollte, wurden deutsche Weihnachtslieder vom Band gespielt. Aber Musik ist Musik. Die Mädchen konnten dabei nicht ruhig sitzen. Sie fingen alle an, den *Ram-Wong* zu tanzen. Es war schon ein etwas ungewöhnlicher, aber keineswegs unangenehmer Anblick, eine Schar hübscher Mädchen zu den Klängen von „Herbei oh ihr Gläubigen“ auf dem Laufsteg die graziösen Figuren des *Ram-Wong*s tanzen zu sehen. Diesmal fanden auch die *Farang*s, es wäre *Sanuk Sanahm* gewesen.

Ein anderes Beispiel für die Fähigkeit der Thais, aus jeder Situation möglichst viel Spaß herauszuholen, erlebte ich, als in einer in der Nähe der Kreisstadt befindlichen Schuhfabrik gestreikt wurde. Statt der bei uns üblichen Streikposten, die mit grimmigem Gesicht und fröstelnd hochgeschlagenem Kragen den Eingang zum Werk blockieren, hatte die Belegschaft hier vor dem Tor der Fabrik eine kleine Bühne aufgebaut. Eine Kapelle mit Sängerin machte Musik, die über Lautsprecher kilometerweit hörbar war und nur gelegentlich von Parolen der Streikleitung unterbrochen wurde. Ringsherum tanzte dazu mindestens die halbe streikende Belegschaft, überwiegend Frauen, fröhlich den *Ram-Wong*. Alle Beteiligten hatten augenscheinlich einen Heidenspaß an der Geschichte - sicherlich mit Ausnahme der Werksleitung.

Loy Krathong

Wohl das schönste thailändische Fest, an dem besonders auch die Touristen ihre Freude haben, ist *Loy Krathong* - das Fest der Wassergeister. Es wird jeweils am letzten Vollmond im November gefeiert. Wasser ist für Thais besonders wichtig. Der größte Teil der Bevölkerung lebt von der Landwirtschaft, vor allem vom Reisanbau, und dies erfordert viel und regelmäßige Bewässerung. Außerdem leben vor allem im Süden, im Bereich der großen Flußdeltas, viele Menschen am Wasser. Dabei verhält man sich gegenüber den Wassergeistern nicht immer ganz korrekt. Man wäscht nicht nur sich selbst, sondern auch die schmutzige Wäsche im Wasser und befördert außerdem den Inhalt der Toiletten, oft auch den ganzen sonstigen anfallenden Unrat, in die vor dem Haus vorbeifließenden Kanäle.

So etwas muß natürlich die Wassergeister erzürnen. Man tut also gut daran, zumindest einmal im Jahr Abbitte zu leisten und die Geister wieder zu versöhnen. Das geschieht eben an *Loy Krathong*. Da es sich ja um thailändische Geister handelt, die den guten Willen für die Tat nehmen, reichen ein paar schöne Blumen hierfür schon aus. Man kann sie aber nicht auf einen Altar stellen, da die Geister ja im Wasser wohnen. Also werden aus Bananenblättern kleine Schiffchen - *Krathongs* genannt - gebastelt, schön mit bunten Blumen geschmückt und mit Räucherstäbchen und Kerzen besteckt. An *Loy Krathong* sitzen überall die Frauen und Mädchen zusammen und basteln die schönsten *Krathongs*, etwa so wie bei uns der Weihnachtsbaum festlich geschmückt wird. Wenn es dann dunkel ist und der Vollmond scheint, geht man ans Wasser, zündet die Kerzen und Räucherstäbchen an und läßt die Schiffchen schwimmen.

Nun wären Thais aber keine Thais, wenn sie die schöne Gelegenheit nicht benutzten, um auch etwas für sich dabei herauszuholen. Man legt also eine persönliche Gabe für die Geister in das Schiffchen, z.B. ein Geldstück, und damit diese auch wissen, von wem die Gabe kommt, ein Haar oder ein Stück vom eigenen Fingernagel dazu. Dann sagt man beim ins Wasser Setzen des *Krathongs* den Geistern, was man sich wünscht.
Wenn das Schiffchen dann ruhig wegschwimmt und die Kerze solange brennt, bis der *Krathong* dem Auge entschwindet, dann hat man gute Chancen, daß die Geister die Gabe gnädig aufgenommen haben und vielleicht die ausgesprochenen Wünsche erfüllen.

Ob nun Wunscherfüllung oder nicht, auf jeden Fall ist es ein wunderschönes Bild, wenn der Kanal oder Fluß nachts mit vielen kleinen Blumenschiffchen und brennenden Kerzen bedeckt ist, die langsam davonschwimmen. Außerdem ziehen sich die Frauen besonders festlich an. Man sieht überall die schönen thailändischen Trachten, die meist nur zu *Loy Krathong* getragen werden. Dazu kommt natürlich der übliche Kirmesbetrieb mit Festzügen, vielen Verkaufsständen, Theateraufführungen und - vor allem in den Touristenorten - der Wahl der Miss *Loy Krathong*.

Charakteristisch für Thais ist auch deren Leidenschaft für Glücksspiele. An den Straßen sitzen überall ambulante Lotterieverkäufer - häufig Blinde - und bieten Lose der staatlichen Lotterie an. Wer nur irgendwie ein paar Baht erübrigen kann, kauft sich jede Woche möglichst gleich mehrere Lotterielose. Gekauft wird nicht irgendein Los, sondern Lose mit bestimmten Endnummern. Die Glücksnummern hat man entweder geträumt, oder - noch häufiger - beim Tempelbesuch aus einer mit numerierten Stäbchen gefüllten Trommel geschüttelt. Und da das noch nicht reicht, gibt es überall in der Nachbarschaft, meist in jedem kleinen Laden an der Ecke, schwarze Lotterien, bei denen man Wetten auf die letzte Zahl abschließen kann, die das große Los bei der nächsten Ziehung der staatlichen Lotterie in seiner Nummernfolge führt.

Man ist aber nicht unbedingt auf die Lotterie angewiesen - für Einfallsreiche gibt es noch genug andere Möglichkeiten, zu wetten. Als ich einmal an einer Baustelle in Bangkok vorbeiging, sah ich, wie sich die halbe Belegschaft, so um die 20 Mann, am Fuße des Gerüstes zusammendrängte und augenscheinlich sehr mit etwas beschäftigt war, was unter dem Gerüst lag. Als ich neugierig näher ging, um herauszufinden, wieviel Mann denn diesmal von dem baufälligen Gerüst gefallen waren, sah ich, daß die ganze Aufmerksamkeit zwei kleinen Käfern galt, die über eine hölzerne Planke krabbelten. Alle hatten darauf gewettet, wer von den beiden als erster das Ende der Bohle erreichen wird.

Zocken steht unter den Lastern der Thais ganz oben. Obwohl gesetzlich verboten und sogar strafbar, wird überall mit Karten um Geld gespielt: in der Nachbarschaft, auf der Straße und in einer Vielzahl großer und kleiner Spielhöllen. Auch alle anderen Möglichkeiten, sein Glück zu Geld zu machen, werden reichlich angeboten und eifrig genutzt, wie z.B. Hahnenkämpfe, Duelle zwischen extra gezüchteten Kampffischen und natürlich Boxkämpfe. Dabei wird stets leidenschaftlich gezockt.

Wer gewinnt, wird sein Geld aber nicht für sich behalten, sondern wird zumindest seine Freunde entsprechend bewirten und oft geht dann bei der Feier mehr als der ganze Gewinn wieder drauf. Das macht aber nichts, denn alle haben „*Sanuk*“ gehabt, und - für Thais ganz wichtig - der glückliche Gewinner hat sein „Gesicht“ gewahrt und gezeigt, daß er ein freigiebiger Mensch ist.

Thai-Boxen

Die bekanntesten Veranstaltungen in Thailand, mit denen jeder Tourist konfrontiert wird, sind Thai-Tänze und Thai-Boxen. Die graziösen Tänze, die bei Touristenveranstaltungen präsentiert oder auch im Fernsehen gezeigt werden, haben bei den meisten Thais etwa den gleichen Stellenwert, wie das klassische Ballett beim deutschen Publikum. Beim Thai-Boxen handelt es sich dagegen um einen wahren Volkssport, der die Massen genauso sehr fesselt, wie in Deutschland Fußball, Tennis oder Eishockey.

Auch in den Touristenzentren werden Thai-Box-Vorführungen für die Besucher inszeniert. Diese sind aber nur ein ganz schwacher Abklatsch einer echten Box-Veranstaltung. Wer einmal die wirkliche Atmosphäre eines Thai-Box-Abends erleben will, der muß in eines der großen professionellen Boxzentren, z.B. in das *Lumpini*-Boxstadion in Bangkok gehen. Mit Ausnahme einer stundenlangen Zugfahrt während der *Songhkran*-Feiertage in den Norden Thailands, gibt es kaum eine bessere Möglichkeit, der Seele des Volkes näher zu kommen.

In Bangkok gibt es zwei große Boxstadien, in denen Thai-Boxturniere mit jeweils ca. 8 Kämpfen in täglich wechselnder Besetzung stattfinden. Trotz offiziellem Glücksspiel-Verbot, geht der weitaus größte Teil der Besucher nicht ins Stadion, um gute Kämpfe zu sehen, sondern um zu wetten. Dabei geht es um den Ring herum toller zu als im Ring selbst.

Nachdem man seine paar Baht Eintritt bezahlt und in einer von der Außentemperatur und der schwitzenden Menge auf Dampfkesselklima aufgeheizten Atmosphäre Platz genommen hat (Vorsicht ! - auf den abgewetzten Holzbänken zieht man sich leicht einen Splitter in das edelste Körperteil), befindet man sich inmitten einer brodelnden, ständig in Bewegung befindlichen Menge. Alles wedelt mit den Armen, die einen, um Wetten zu signalisieren, die anderen, um blutdürstige Moskitos zu verjagen. Vor dem Ring sitzen ein paar alte Männer und simulieren ein Orchester, indem sie auf Trommeln und Zimbeln herumklopfen. Auch ein Flötist versucht, sich an der Geräuscherzeugung zu beteiligen. Was sie spielen, oder ob sie überhaupt eine gemeinsame Melodie zu Stande bringen, ist ziemlich egal, denn bei dem ohrenbetäubenden Lärm der Menge hört sowieso niemand etwas.

Endlich werden, geleitet von ihren Betreuern, die ersten Gladiatoren in den Ring geschickt, jeder mit einem kranzähnlichen Schmuck auf dem Kopf, von dem lange bunte Bänder hängen. Sie beginnen zunächst mit einer endlosen Reihe von Verbeugungen in alle Himmelsrichtungen. Wenn sie einmal um den Ring herum sind, fangen sie wieder von vorne an, um nur ja keinen der möglichen vorhandenen Geister auszulassen, denn es ist bekannt, daß diese besonders scharf auf Boxkämpfe sind.
Danach kommt erst einmal wieder eine Pause, in der das Orchester seine Anstrengungen verstärkt, um doch endlich zu Gehör zu kommen (oder um die bösen Geister zu verjagen). Dem letzteren Zwecke dienen jedenfalls ein paar Feuerwerksknaller, die vor dem Kampf und in der Pause gezündet werden.

Hinten sitzen die Buchmacher und überall zwischen den Zuschauern sieht man hochgereckte Hände, die bei dem Geschrei, das jede akustische Verständigung unmöglich macht, mit für den Laien unverständlichen Handzeichen Wetten in beträchtlicher Höhe abschließen. Das Wetten beginnt in der Regel nach der ersten Runde, nachdem sich jeder einen Eindruck von der Kampfkraft der jeweiligen Gegner verschaffen konnte. Dann geht es von Runde zu Runde weiter, wobei natürlich die Quoten entsprechend der Entwicklung des Kampfes ständig wechseln. Kassiert bzw. ausgezahlt wird nach jedem Kampf. Dabei ist es für Laien absolut unverständlich, wie Buchmacher und Wetter in dem Tohuwabohu und ohne jede schriftliche Fixierung, bei den von Runde zu Runde wechselnden Quoten die Übersicht behalten und wissen, wer was bekommt oder zu zahlen hat.

Endlich beginnt der Kampf. Die beiden Thai-Boxer werden vom Schiedsrichter in die Ringmitte geführt und ermahnt, sich an die Kampfregeln zu halten. Das ist nicht besonders schwer, denn wie es dem *Farang* erscheint, ist beim Thai-Boxen alles erlaubt, mit der einzigen Ausnahme, dem Gegner die Daumen in die Augen zu stoßen. Damit aber auch diese einfache Regel nicht vergessen wird, tragen die Kämpfer dicke Boxhandschuhe. Weiter tragen sie knielange Hosen, die in den letzten Jahren vor allem deshalb immer länger geworden sind, damit mehr Reklame darauf Platz hat.

Nach den Ermahnungen des Schiedsrichters gehen die Matadore nochmal zurück in die Ecken, die Kränze werden abgelegt, noch ein paar Verbeugungen vor Buddha und allen guten Geistern, dann ertönt der Gong und es geht endlich los.

Die Gegner dreschen und stoßen mit allem was sie haben aufeinander ein, mit den Füßen, den Knien, den Ellenbogen, dem Kopf und manchmal auch mit den Fäusten. Das gesamte Schauspiel wird von ohrenbetäubendem Geschrei der Zuschauer begleitet, das jedesmal, wenn einer der

Gegner einen besonders heimtückischen Schlag gelandet hat, zu einem noch lauteren „*chock*" anschwillt, was etwa soviel heißt wie „Treffer".
Das Ganze geht bis zum k.o. oder über 9 Runden. Ist bis dahin einer der Gegner noch nicht am Boden, entscheiden die Ringrichter. Worauf sie ihre Entscheidung gründen, ist für den Zuschauer meist nicht nachvollziehbar und nur so zu erklären, daß die Ringrichter entweder blind (die freundlichere Annahme) oder am Wettergebnis beteiligt sein müssen (die wahrscheinlichere Annahme). Jedenfalls schwillt nach dem Entscheid des Schiedsgerichts das Geschrei noch einmal gewaltig an. Die einen schreien, weil sie ihre Wette gewonnen haben, die anderen, weil sie sich betrogen fühlen.

So folgen acht oder noch mehr Kämpfe aufeinander. Wenn am Ende der Veranstaltung der *Farang* völlig durchgeschwitzt, taub von dem Geschrei, von Moskitos zerstochen und mit dem Gefühl, daß er nichts begriffen hat, seinem Hotel zustrebt, kann er sich trotzdem sagen, daß er ein echtes Stück Thailand erlebt hat - weit entfernt von dem künstlich zurechtgeschneiderten Kulturbild, das den Touristen sonst vorgeführt wird, aber genausoweit entfernt von dem Nachtleben in den einschlägigen Vergnügungszentren für Touristen.

Hahnenkämpfe

Einer der beliebtesten Zeitvertreibe auf dem Lande sind Hahnenkämpfe. Gekämpft wird allerdings nicht, wie z. B. auf den Philippinen, mit Hähnen, denen Rasierklingen an die Pfoten gebunden werden, bei denen also jeder Kampf bis zum Tod des Gegners geht. Bei den Thai-Hahnenkämpfen sind die Rivalen nur auf die Kraft ihrer Pfoten angewiesen und auf ihr Geschick, dem Gegner in den Nacken zu kommen, um ihm mit dem kräftigen Schnabel einen Hieb zu versetzen. Solch ein Kampf geht manchmal über eine halbe Stunde. Dabei werden die beiden Kampfhähne von den im Kreis herumsitzenden Zuschauern so lange lautstark angefeuert, bis schließlich einer der Kontrahenten blutend aufgibt und die Flucht ergreift. Bei solchen Kämpfen wird natürlich kräftig gewettet.

Amphans Vater - inzwischen zu alt um noch zu arbeiten - pickt sich aus dem auf dem Hof herumscharrenden Hühnernachwuchs immer die kräftigsten Exemplare heraus, um sie zu Kampfhähnen auszubilden. Er hält ständig ein halbes Dutzend Hähne verschiedenen Alters in korbähnlichen Käfigen und beschäftigt sich den ganzen Tag damit, seine Lieblinge zu putzen, zu pflegen und auf den Kampf vorzubereiten. Wenn dann einer der zukünftigen Gladiatoren fit genug für den Kampf erscheint, klemmt er sich eines Sonntags den Vogel unter den Arm und fährt - nicht ohne sich vorher von mir 200 Baht gepumpt zu haben, um auch mitwetten zu können - zum wöchentlichen Schaukampf in die Stadt. Wenn er dann abends wieder nach Hause kommt, gibt es grundsätzlich zwei Möglichkeiten: Entweder kommt er mehr oder weniger beschwipst, mit einem Sieger unter dem einen Arm und einer Flasche

Mekhong-Whisky unter dem anderen stolz zurück, oder er kommt sturzbetrunken mit dem Verlierer in einer Plastiktüte an - dann gibt es am nächsten Tag Hühnersuppe und einen ziemlich zähen Hahn zum Abendessen. Gladiatorenlos!

Mönche und Klöster

Buddhistische Mönche in ihren goldgelben Roben gehören zum exotischen Bild Thailands, ebenso wie die vielen, z.T. reich mit Gold geschmückten Klöster, die schwimmenden Märkte und die sarongbekleideten Mädchen. Thailand besitzt über 20.000 Klöster, die mit ihren kegelförmigen Pagoden, den glitzernden Mosaiken, den vielen Malereien und Figuren aus der Mythologie, aber auch mit den monotonen Gebeten der Mönche einen der Hauptanziehungspunkte für die Touristen darstellen, die das exotische Herz des Landes suchen.
Man sieht die meisten Mönche, wenn die Urlauber in den Hotels noch schlafen: morgens zwischen 6 und 7 Uhr. Dann schlurfen die Gottesmänner schweigend, mit gesenktem Kopf, den Sammeltopf vor den Bauch gepreßt, der älteste Mönch an der Spitze, der jüngste am Ende, in langer Reihe einer hinter dem anderen aus dem Klostertor und gehen an den Häuserzeilen entlang, um ihre Tagesverpflegung einzusammeln. Dabei ist der bei uns oft verwendete Ausdruck „Bettelmönche“ absolut falsch. Es ist keinesfalls die Armut, die die Mönche dazu zwingt sich ihre Nahrung zu erbetteln. Die Klöster in Thailand sind gewöhnlich so reich, daß sie bequem alle ihre Mönche ernähren können. Der morgendliche Umzug mit dem Blechnapf ist vielmehr eine im Mönchsritus verankerte Übung, die zur Demut erziehen soll. Die Mönche betteln aber dabei nicht etwa um ihr Essen, sondern sie sammeln nur die Nahrung ein, die ihnen als Gabe der buddhistischen Bevölkerung ganz selbstverständlich zusteht.

Vor den Hauseingängen haben die Frauen ihre Töpfe aufgestellt und geben jeweils einen Schlag Essen in den Sammelnapf. Anschließend bedankt sich nicht etwa der

Mönch für die Gabe, sondern die Spenderin mit einem tiefen *Wai* dafür, daß der Mönch ihr Gelegenheit gegeben hat, ein gutes Werk zu tun. Wer seinen Napf gefüllt hat, schlurft gemessenen Schrittes zum Kloster zurück, um sich den anderen vorgeschriebenen Übungen und Studien zu widmen. Mit den reichlich überbleibenden Essensresten wird übrigens eine große Zahl herrenloser Katzen und Hunde ernährt. Die meisten Klöster in Thailand fungieren gleichzeitig als Tierheime.

Man kann aber auch tagsüber genug Mönche unterwegs antreffen, auf den Märkten, im Bus und in den Geschäften, wenn sie barfuß in Sandalen, einen Leinenbeutel über dem Arm ihre Einkäufe machen.

Mönche gehören zu jeder festlichen Gelegenheit. Ob nun ein Haus auf dem Lande eingeweiht, der Grundstein für ein neues Hotel in Bangkok gelegt oder eine neue Düsenmaschine für *Thai Airways* in Betrieb genommen wird - keine Zeremonie ohne Mönche. Dabei muß es immer eine ungerade Zahl sein, also 5 oder 7 oder 9 Mönche, denn gerade Nummern bringen Unglück. Bei armen Leuten müssen drei Brüder ausreichen, bei wohlhabenden Hausbesitzern rücken 9 Mann an, denn 9 ist eine besondere Glückszahl. Bei großen Anlässen zieht die halbe Klosterbesatzung los. Die feierliche Handlung findet immer am Vormittag statt und muß vor 11 Uhr beendet sein, damit die Mönche noch angemessen bewirtet werden können, denn nach 12 Uhr dürfen sie ja keine feste Nahrung mehr zu sich nehmen. Jeder Mönch bekommt am Ende der Veranstaltung einen Umschlag mit Geld überreicht, denn umsonst ist auch in Thailand nicht einmal der Tod.

Die Mönche sind nicht mit unseren westlichen Klosterbrüdern zu vergleichen. Der wichtigste Unterschied ist, daß sie kein lebenslanges Gelübde ablegen müssen. Der Thai, der ins Kloster geht - und das wird von jedem ordentlichen jungen Mann für eine gewisse Zeit erwartet - kann selbst bestimmen, wie lange er sich im Mönchsorden aufhalten will, ein Jahr, ein Vierteljahr, einen Monat oder auch nur eine Woche und darf während dieser Zeit jederzeit das Kloster wieder verlassen. Er kann natürlich auch für sein ganzes Leben im Kloster bleiben. Das sind dann die älteren Mönche, die mit dem Abt an der Spitze die jeweilige Stammbesatzung bilden, welche die jungen Novizen führt und anleitet.

Um Mönch zu werden, muß man mindestens 20 Jahre alt sein. Aber auch jüngere Leute können - sozusagen als Lehrlinge - für eine Zeit ins Kloster gehen. Man sieht dann manchmal zehnjährige Knirpse in gelben Roben hinter den Großen hertrotten. Diese *Nen* genannten Jungen müssen sich auch nach den strengen Klosterregeln richten, legen aber noch nicht die Gelübde ab. Die buddhistischen Laien kennen nur 5 Gebote: Du sollst nicht töten, nicht stehlen, nicht Unzucht treiben, nicht lügen und dich nicht betrinken. Sie übertreten diese allerdings genauso oft, wie die meisten Christen ihre 10 Gebote. Für die Mönche gelten dagegen genau 227 verschiedene Gebote.

Die wichtigsten Regeln sind etwa die folgenden: Kein Kontakt mit Frauen, kein Alkohol, keine festen Mahlzeiten nach 12 Uhr mittags, Teilnahme an den Gebets- und Lehrversammlungen der Klostergemeinschaft. Im Kloster hat jeder Mönch seine eigene Zelle, die er sich nach Belieben einrichten und in der er seine Freizeit frei gestalten kann, z.B. mit Lesen, Musik hören oder ähnlichem. Die Einhaltung insbesondere der Regel, daß ein Mönch keine Frau berühren darf, führt manchmal zu etwas komischen Situationen. So wird in einem Bus oder in der Eisenbahn ein Mönch sich wohl auf einen freien Platz neben einem männlichen *Farang* setzen, aber nicht, wenn auch noch dessen Frau mit auf der Bank sitzt. Für Mönche ist in den Bussen grundsätzlich die letzte Bank reserviert. Das führt dann wieder zu komischen Szenen, wenn ein Mönch - der übrigens in allen öffentlichen Verkehrsmitteln freie Fahrt hat - sich in einem vollbesetzten Bus von seinem hinteren Platz nach vorne zum Ausgang durchquetschen muß. Alle Mädchen, die im Mittelgang an den Halteschlaufen hängen, machen dann akrobatische Verrenkungen, um möglichst nicht in Kontakt mit dem Mönch zu kommen.

Als Amphans Mutter gestorben war, ging ihr Jüngster, Mongkon, damals gerade 11 Jahre alt, für zwei Wochen als *Nen* ins Kloster, um für die Seele der Oma zu beten. Jeden Nachmittag zog Amphan zum Kloster und brachte ihm eine oder auch zwei Flaschen Kakao, damit ihr Kleiner nachmittags, wenn die Mönche keine feste Nahrung mehr einnehmen dürfen, nicht verhungerte. Die Flaschen durfte sie ihrem Sprößling, den sie sonst bei jeder Gelegenheit knuddelte, aber nicht in die Hand geben, sondern mußte sie auf ein gelbes Tuch stellen, das Mongkon extra vor sich auf den Boden legte.

Als ich vor ein paar Jahren einmal mit *Thai Airways* von Bangkok nach Europa zurückflog, war der ganze hintere Teil der Maschine mit Männern in gelben Roben besetzt, die zu einem buddhistischen Weltkongreß nach London flogen. Bei der Zwischenlandung in Rom verließen alle Passagiere das Flugzeug, um für eine Stunde in den Transitraum zu gehen. Am Eingang des Gebäudes stand eine Bodenbedienstete des Flughafens und händigte jedem Passagier eine Bordkarte für den späteren Wiedereinstieg aus. Ich ging direkt vor der Gruppe Mönche, weil ich mir denken konnte was jetzt passieren mußte. Als die Flughafenangestellte dem ersten Mönch seine Bordkarte aushändigen wollte, zuckte dieser erschrocken zurück und nahm die Hände auf den Rücken. Auch mit den nächsten Gottesmännern hatte die Dame nicht mehr Glück. Um dem ratlosen Mädchen zu helfen, bat ich sie, mir die Karten zu geben, um sie an ihrer Stelle den Mönchen auszuhändigen. Und so ging die ganze Angelegenheit dann problemlos über die Bühne. Beim Wiedereinstieg wurde die gleiche Prozedur wiederholt.

Wenn man die jungen Leute nach dem Grund fragt, warum sie ins Kloster gehen, so ist es vor allem, um *tam bon* zu tun, das heißt Verdienste für das nächste Leben zu erwerben. Meist tun sie das für die Mutter, denn Frauen können zwar auch ins Kloster gehen (sie tragen dann weiße Roben), können aber keine Gelübde ablegen und keine Verdienste erwerben. Sie haben auch nicht den besonderen sozialen Status wie die Mönche.

Und wenn ich Leute, die eine Zeit im Kloster waren, frage, was ihnen denn an diesem Leben so gefallen hat, dann antworten interessanterweise auch diejenigen Burschen von denen ich weiß, daß sie allen leiblichen Freuden durchaus nicht abgeneigt sind, es wäre die Ruhe, die Meditation und die gemeinsame Beschäftigung mit den Lehren Buddhas, die sie an diese Zeit gerne zurückdenken lassen.

Jeder Thai, der für eine Zeit im Kloster war und die Gelübde abgelegt hat, darf sich übrigens ein *Si* vor den Namen stellen. Wenn mir ein junger Mann, den ich nach seinem Namen frage, also sagt, daß er *Si Thorn* oder *Si Daeng* heißt, weiß ich gleich, daß er seine Klosterzeit abgedient hat.

Nun gibt es unter den über 300.000 Mönchen in Thailand gewiß auch ein paar schwarze Schafe. Die Zeitungen berichten manchmal von Mönchen, die den Inhalt ihres Futternapfes, den ihnen gutgläubige Hausfrauen gefüllt haben, beim Nudelshop an der nächsten Ecke verscheuern, um dann gleich noch mal auf Tour zu gehen. Aber auch wesentlich schlimmere Fälle werden von den Medien berichtet. Die vor allem in Bangkok zu beobachtende allgemeine Tendenz, mit Gewalt alle westlichen Sitten nachahmen zu wollen, auch die negativen, hat offensichtlich nicht einmal vor den Mönchen Halt gemacht.

Vor einem Jahr machte monatelang die Story von einem Abt in allen Zeitungen Schlagzeilen, dem eine junge Frau vorwarf, sie als Geliebte gehalten und dann mit einem Kind sitzengelassen zu haben. Das war eine Geschichte, die sowohl in den Familien als auch bei allen möglichen Zusammenkünften mit Leidenschaft diskutiert wurde: hat er nun oder hat er nicht? Die Meinungen waren kontrovers, es kam sogar zu Messerstechereien zwischen den Parteien. Schließlich kam nach Prüfung aller Beweise, einschließlich eines durchgeführten Bluttests, das oberste geistliche Gericht zu dem Schluß, daß der Abt schuldig war und er wurde aus dem Orden ausgeschlossen.

Bei all diesen Fällen handelt es sich aber um die moralischen Entgleisungen einzelner Klosterbrüder, die natürlich von den Medien mit Wonne aufgegriffen und ausgebreitet werden. Wesentlich bedenklicher ist das zunehmende Gewinnstreben einzelner Klostergemeinschaften oder ihrer Äbte. Dies wird auch von seriösen Kritikern u.a. aus dem *Sangha* selbst - das ist die Gesamtheit aller thailändischen Mönche - mehr und mehr angeprangert. Thais sind sehr freigiebig, wenn es darum geht, durch *tam bon* in das nächste Leben zu investieren. Sie spenden aber üblicherweise nicht anonym für irgendeinen wohltätigen Zweck, sondern nur für ein bestimmtes Kloster, das für besonders effektive Beziehungen zum Jenseits bekannt ist oder noch besser, für einen bestimmten, schon zu Lebzeiten als Heiligen angesehenen Mönch oder Abt. Hier kommen bei einigen Personen immense Summen zusammen, die keinerlei staatlicher oder kirchlicher Kontrolle unterliegen. Sie werden vom Abt des betreffenden Klosters oder von dem wundertätigen Heiligen nach Belieben ausgegeben, meist zum immer prächtigeren Ausbau des Klosters oder für wohltätige Zwecke. Einige schwarze Schafe haben es aber geschafft, sich viele Millionen auf ihr persönliches Bankkonto, oder - da ein Gebot Buddhas den Mönchen Armut vorschreibt - auf Konten ihrer Familienangehörigen zu schaufeln. Wenn solche Fälle bekannt werden, schadet das nicht nur dem Ansehen des *Sangha*, sondern die jungen Leute fangen an, das ganze System und seine moralischen Fundamente (Buddha - Mönchstum - König), auf denen ja die ganze Thai-Gesellschaft ruht, immer kritischer zu sehen.

Klöster gibt es in Thailand sicher nicht weniger als Kirchen in Deutschland. Sie sind aber nicht nur Aufenthaltsort der Mönche und Andachtsstätte für die buddhistische Bevölkerung, sondern auf dem Lande auch der kulturelle Mittelpunkt des jeweiligen Bezirks. Die für alle Kinder obligatorische 6-klassige Volksschule befindet sich im Kloster, wenn auch der Lehrkörper heute aus staatlich bezahlten Lehrern besteht. Mindestens einmal alle 14 Tage findet in dem für meinen Wohnbezirk zuständigen Kloster eine Freilichtfilmvorführung statt, immer mit zwei oder drei Spielfilmen hintereinander, oder es kommt eine Theatergruppe, die die typischen mehrstündigen Thai-Schauspiele aufführt. Die jungen Leute aus der ganzen Gegend kommen dann zusammen, in Buden wird alles mögliche Eß- und Trinkbare verkauft, kurz: es ist jedesmal eine kleine Kirmes.

Vor den Klöstern, vor allem vor denen, die einen besonders „guten und wundertätigen Buddha“ haben, geht es oft den ganzen Tag über zu wie auf einem Markt. Verkaufsstände und offene Imbißbuden bieten alles an, was dem Thai begehrenswert erscheint, wenn er schon einmal aus seinem Dorf wegkommt. Interessant sind die Frauen, die mit Körben voll kleiner Vögel vor dem Tempeleingang sitzen und einem diese winzigen Spatzen für ein paar Baht anbieten. Der Zweck ist aber nicht etwa, die Tiere mit nach Hause zu nehmen und sie wieder in einen Käfig zu sperren, sondern sie an Ort und Stelle wegfliegen zu lassen und damit eine gute Tat zu tun, die einem sicher irgendwie vergolten wird. Ich habe mich allerdings nie des Eindrucks erwehren können, daß die Spatzen wie Brieftauben abgerichtet sind und ein paar Straßen weiter wieder in einen Käfig fliegen, von wo aus sie dann von neuem zum Verkauf vor den Tempeleingang transportiert werden. In Klöstern, die am Wasser liegen, werden für den gleichen Zweck auch kleine Fische und Schildkröten angeboten, denen man dann im Wasser die Freiheit schenken kann.

Der Höhepunkt des Jahres ist aber die Klosterkirmes. Dann ist das ganze Klostergelände, das ja aus einer Reihe verschiedener Tempel und den Wohnhäusern der Mönche besteht, für 3 Tage ein einziger Festplatz. Die Tempel sind mit Lichterketten geschmückt, es gibt Losbuden, Schießbuden, Karussells, Bands mit Sängerinnen, Theaterbuden und natürlich jede Menge Garküchen. Dazu herrscht ein unbeschreiblicher Lärm, etwa doppelt so laut wie auf unseren Kirmesplätzen, da die Thais Lautsprecheranlagen grundsätzlich und ohne Rücksicht auf eventuelle Trommelfellschäden bis zum Anschlag aufdrehen. Bei der letzten Klosterkirmes stand eine Band direkt neben dem *Chedi* mit den sterblichen Überresten der Oma, die wir einen Monat vorher dort feierlich beigesetzt hatten. Aber ich bin sicher, daß es die Oma nicht gestört hat. Zum einen war sie zum Schluß schon etwas schwerhörig und zum anderen hat sie schließlich Musik auch immer gerne gehört.

Verkehr in Thailand

Hier muß man zunächst unterscheiden zwischen den Verkehrsverhältnissen in der Hauptstadt Bangkok mit mehr als 8 Millionen Einwohnern und den Verhältnissen außerhalb der Metropole. In Bangkok sind über 2 Millionen Privatwagen zugelassen und monatlich kommen rund 60.000 Zulassungen hinzu, davon mehr als die Hälfte Privatwagen. Da es in Thailand keine den deutschen TÜV-Regeln entsprechenden Vorschriften gibt, werden die Fahrzeuge in der Regel solange gefahren, bis sie auseinanderfallen.

Die Auspuffgase all dieser mehr im stehenden als im fließenden Verkehr betriebenen Fahrzeuge, vom Moped bis zum 6-achsigen Schwerlaster, ergeben zusammen mit der meist von keinem Luftzug bewegten Hitze von tagsüber bis zu 40° Celsius eine stickig-schwülstige Atmosphäre, die man mit dem Messer schneiden kann und die schwer wie eine bleierne Glocke über der Riesenstadt liegt. Natürlich sind nur die wenigsten Fahrzeuge mit einen Katalysator ausgerüstet. Das Straßennetz der Stadt reicht für diesen Fahrzeugansturm bei weitem nicht aus. Zu den „Rush-hours“ - ungefähr von 7 Uhr morgens bis 10 Uhr abends - bewegt sich in der Innenstadt der Verkehr kaum schneller als in Schrittgeschwindigkeit. Lediglich die an jeder größeren Straßenecke auf Kunden wartenden Taximotorräder bieten dann noch eine Möglichkeit, schneller weiterzukommen, da deren Fahrer bei verstopften Straßen einfach über die Fußgängerwege brausen. Dabei gefährden sie natürlich die Fußgänger, welche schon auf viele Löcher im Bürgersteig und auf tief hängende Reklameschilder der Geschäfte achten müssen, die meist nur auf Thai- und nicht auf *Farang*-Körpergröße abgestimmt sind.

Als die Vietnamesen das benachbarte Kambodscha besetzten, wurde in der Thai-Presse diskutiert, was man denn machen könne, wenn die Vietnamesen gleich weiter nach Thailand vorrücken würden. Ein Leserbriefschreiber in der *Bangkok Post* meinte dazu, man könne sich alle Kosten für zusätzliche Verteidigungsmaßnahmen sparen. Fielen die Vietnamesen tatsächlich ein, dann kämen sie mit ihren Panzern und Fahrzeugen höchstens bis nach Bangkok. Spätestens da würden sie unrettbar im Straßenverkehr steckenbleiben und damit wäre das Vaterland gerettet.

Kein Witz ist die Story von dem Angestellten, der durch die schon am frühen Morgen drückende Hitze zu Fuß dem Büro zueilte, als plötzlich neben ihm am Straßenrand ein Arbeitskollege anhielt und ihm anbot, ihn in seinem klimatisierten Auto mit in die Firma zu nehmen. Worauf der so Gefragte das freundliche Angebot dankend ablehnen mußte, da er an diesem Morgen eine wichtige Besprechung im Büro hatte, zu der er pünktlich erscheinen wollte.

Für die Fahrt vom Stadtzentrum zum 20 km entfernten Flugplatz muß man bis zu 2 Stunden einplanen, obwohl die Strecke zum großen Teil über eine mautpflichtige, auf Stelzen über die Innenstadt geführte Autobahn geht. Zur Hauptverkehrszeit hat man für sein Eintrittsgeld von dieser sogenannten Schnellstraße aber oft auch nur eine bessere Aussicht auf die Stadt und steckt auch hier im üblichen Stau.

Als 1992 die Weltwirtschaftskonferenz in Bangkok stattfand, wurden von der Stadtverwaltung einfach die zwei Wochentage, an denen die Konferenz abgehalten wurde, zu Feiertagen erklärt, um durch den Wegfall des Berufsverkehrs die Straßen passierbar zu machen und so den Delegierten aus aller Welt zu ermöglichen, pünktlich von ihren verschiedenen Hotels zum Konferenzort zu gelangen.

Bangkok ist lediglich der westliche Name für die Hauptstadt. Die Thais nennen sie *Krung Thep*, was kurz übersetzt „Stadt der Engel" bedeutet. Nun gibt es mehrere Erklärungen für diesen Namen. Der *Farang,* der abends eines der Vergnügungsviertel aufsucht, mag schon glauben, von lauter Engeln umgeben zu sein. Tagsüber ist aber sicherlich diejenige Erklärung plausibler, die den schönen Namen darauf zurückführt, daß man wie ein Engel fliegen können müßte, um im Bangkoker Straßenverkehr vorwärts zu kommen.

Was nun die Fernverkehrsverbindungen im Lande anbelangt, so sind sie für thailändische Verhältnisse erstaunlich gut und zuverlässig. Flugzeuge, Eisenbahnen und Busse verkehren häufig, sind pünktlich und nach unseren Maßstäben relativ billig. Die etwa 500 km lange Eisenbahnfahrt von Bangkok nach Surathani, von wo ab man dann mit dem Bus weiter nach Phuket am Andamanenmeer oder mit dem Schiff zur Insel Samui am Chinesischen Meer fahren kann, kostet im 2. Klasse Liegewagen nur 350 Baht (ca. 23.- DM). Noch billiger ist die Fahrt mit den Reisebussen, die von mehreren großen Busbahnhöfen in Bangkok mehrmals täglich sternförmig in alle Gebiete Thailands fahren, wobei vor allem in Nord-Südrichtung erhebliche Distanzen, zum Teil über 1.000 km, zu überwinden sind.

Vor allem in den billigeren, nicht klimatisierten Bussen sind die Busfahrer allerdings oft verhinderte Rennfahrer und versuchen auf den Überlandstrecken ohne Rücksicht auf den Gegenverkehr und den Zustand der Reifen und

Bremsen ihres Fahrzeuges alles herauszuholen, was die alten klapprigen Kisten hergeben. Dazu sind sie noch oft übermüdet, da sie die langen Strecken in einem Zuge ohne Ersatzfahrer bewältigen müssen. Sie sitzen dann nicht selten 15 Stunden und mehr ununterbrochen am Steuer und schlucken Aufputschmittel um durchzuhalten. Das gilt noch mehr für die LKW-Fahrer, die sich - obwohl unter Strafe stehend - an jeder Tankstelle mit den nötigen Tabletten versorgen können. So kann man dann regelmäßig in den Zeitungen von schweren Verkehrsunfällen mit mehreren Toten lesen, an denen meist LKWs beteiligt waren.

Grundsätzlich wird jeder Thai-Fahrer eines an einem Unfall beteiligten Fahrzeugs das Weite suchen, sofern er noch irgendwie davonhumpeln kann. Manchmal gelingt es dem Fahrer sogar schon vor dem Unfall zu türmen. So sprang der Fahrer eines voll besetzten Busses, als er auf einer abschüssigen Straße merkte, daß seine Bremsen versagten, aus dem Führersitz und war bereits um die nächste Ecke verschwunden, als sein Bus am Ende der Straße in einen geschäftigen Markt hineinrauschte. Ich habe noch nie gelesen, daß man solch einen flüchtigen Fahrer geschnappt hätte. Böse Zungen vermuten, daß sich irgendwo im öden Norden des Landes ein Zufluchtsort für all diese flüchtigen Verkehrsrowdys befindet. Dieser müßte inzwischen der zweitgrößte Ort Thailands sein.

Weniger riskant ist die Reise mit der Eisenbahn. Hier kann man wenigstens sicher sein, daß einem in der Gegenrichtung kein schwerer mit mehreren Tonnen Betonpfählen überladener Laster entgegenkommt. Besonders schnell sind die Züge, die alle auf Schmalspurgleisen fahren, allerdings nicht. Wenn ein Zug mit über 40 km/h fährt, steht er schon als „Rapid“ im Fahrplan, und wenn er nicht an jeder, sondern nur an jeder dritten Station hält, ist es ein „Expreß". Man kommt aber über lange Strecken nicht nur sicher und pünktlich ans Ziel, sondern hat auch eine Menge Abwechslung während der Fahrt.

Die Nachbarn versuchen, sich ohne Rücksicht auf Sprachprobleme mit dem *Farang* zu unterhalten und fragen unweigerlich, wie alt man ist, wieviel Kinder man hat, wieviel davon Jungen sind und wieviel man im Monat verdient. Zumindest die letzte Frage erscheint uns in der Regel etwas aufdringlich. Der Sinn der ganzen Fragerei ist aber herauszufinden, welchen sozialen Status der *Farang* denn nun im Vergleich zu seinen Gesprächspartnern einnimmt. Dieser soziale Status ist für den Verkehr der Thais untereinander sehr wichtig. Er hängt von vielen Dingen ab, von denen Alter, Zahl der (vor allem männlichen) Kinder und Vermögensverhältnisse die wichtigsten und am einfachsten einzuordnenden Faktoren sind. Natürlich wird das z.B. für die Kellnerin, die uns bedient oder den Friseur, der uns die Haare schneidet, nicht der eigentliche Grund für deren Fragerei sein. Für sie ist ja klar, daß derjenige, der sie bezahlt, im Status über ihnen steht. Sie werden aber trotzdem, wenn sie sich ein bißchen verständigen können, diese Fragen stellen, vielleicht auch wissen wollen was die neue Jeans oder die schöne Bluse, die man anhat, gekostet hat - ganz einfach aus Höflichkeit und zugleich Neugier.

Während der Bahnfahrt bewegt sich ein Strom von Verkäufern durch den Mittelgang, die einem von gekochten Maiskolben und gebratenen Hähnchenkeulen bis zu Bier und Schnaps alles anbieten, was man so für sein leibliches Wohl braucht. Insbesondere die Bierverkäufer können gar nicht verstehen, daß ein *Farang* auch mal drei Stunden

ohne eine Flasche Bier auskommen kann und bieten immer wieder ihre Flaschen oder Dosen an.
Bei einer Fahrt im Liegewagen von Bangkok nach Norden, wollte mir sogar einmal jemand noch vor der Abfahrt in Bangkok ein nettes Mädchen zur Reisebegleitung während der langen Nachtfahrt anbieten. Ich habe das Angebot dankend abgelehnt.

An jeder Haltestation entwickelt sich dann ein regelrechter Markt auf dem Bahnsteig. Eine Menge Leute rennen mit ihrem zum Verkauf angebotenen Eß- oder Trinkbaren am Zug auf und ab und versuchen während der drei Minuten Aufenthalt durchs Zugfenster Geschäfte zu machen. Auch das Zugpersonal beschränkt sich nicht nur auf das Abknipsen der Fahrkarten, sondern ist - vor allem wenn eine angebrochene Flasche *Mekhong*-Whisky auf dem kleinen Tischchen unter dem Fenster steht - immer gerne zu einem Schwätzchen mit dem *Farang* bereit.

Warnen muß man den Besucher allerdings, eine Reise unmittelbar vor oder nach *Songkhran*, dem thailändischen Neujahrsfest anzutreten, es sei denn, er hat seine Plätze lange im voraus fest gebucht. Da alle auswärts tätigen Thais, vor allem die vielen hunderttausende in Bangkok beschäftigten Landbewohner, diesen höchsten Feiertag des Jahres zu Hause mit den Eltern und der Familie verleben wollen, sind alle Fernverbindungen rettungslos überfüllt. Auf den großen Bahnhöfen und Busstationen kann man dann ein unglaubliches Gedränge erleben. Jeder versucht nach Leibeskräften, noch in einen Waggon oder Bus hineinzugelangen. Hier ist von der sprichwörtlichen Höflichkeit der Thais nichts mehr zu spüren.

Vorsicht ist für die *Farang*s im übrigen auch bei der Benutzung von Motorrädern oder Mopeds geboten, die man in den Touristenzentren überall an der Straße mieten kann. Kommt es zu einem Unfall an dem ein Thai beteiligt ist, so ist unweigerlich der *Farang* schuld. Er bleibt dann erst mal auf der Polizeistation oder sein Paß wird solange eingezogen, bis er die fällige Strafe sprich *Tee-Geld* für die Polizei und eine Entschädigung für den thailändischen Unfallbeteiligten bezahlt hat. Natürlich wird hier die Möglichkeit, von einem „reichen" *Farang* zu kassieren, voll ausgenutzt.

Auf dem Land gibt es in den Kleinstädten auch noch richtige Fahrradrikschas, auf denen sich ein armer Hund abstrampelt, um die Fahrgäste durch die Gegend zu ziehen. Obwohl mir die Rikschafahrer immer leid tun, hat man in manchen Städten, z. B. in Surathani, dem Tor zum Süden, gar keine andere Möglichkeit, mit seinem Gepäck vom Busbahnhof zu einem Hotel zu kommen als in solch ein Vehikel zu klettern. Außerdem ist dem armen Kerl, der in dieser Gegend oft gar keine andere Möglichkeit hat für den Unterhalt seiner Familie Geld zu verdienen, auch nicht damit geholfen, wenn man auf seine Dienste verzichtet.

Tuk-Tuks und Taxis

Wenn ich vorhin ganz allgemein über den Verkehr erzählt habe, dann gibt es doch noch einiges über eine besondere Spezies von Verkehrsmitteln zu sagen, die lange Zeit das Straßenbild Bangkoks prägten und die für den Touristen immer noch ein besonders exotisches Fortbewegungsmittel darstellen. Es handelt sich um jene typischen dreirädrigen und etwas wackelig aussehenden Fahrzeuge, von denen die Straßen dieser schönen Stadt noch vor wenigen Jahren nur so wimmelten, deren Zahl mit dem Aufkommen von immer mehr Taxis in letzter Zeit allerdings stark zurückging. Wer aber den Verkehr Bangkoks richtig erleben will, dem sei die Fahrt in solch einem Vehikel empfohlen, in dem vorne ein meist Formel-I-verdächtiger Thai und hinten ein oder mehrere verängstigte *Farang*s sitzen. Die Vehikel heißen zwar richtig *Samlor* d.h. wörtlich Dreirad, werden wegen ihres typischen, knatternden Geräusches aber allgemein *Tuk-Tuk* genannt und sind als Verkehrsmittel - zumindest wenn man zu handeln versteht - billiger als Taxis. Man hat „frische" Luft, da das Gefährt ringsum offen ist und kann dazu noch alle Gefahren des irrsinnigen Bangkoker Straßenverkehrs im wörtlichen Sinne hautnah erleben. Ein boshafter Leserbriefschreiber der *Bangkok Post* hat einmal angeregt, alle *Tuk-Tuk*s im Bangkoker Zoo in der Abteilung für lebensgefährliche Tiere einzusperren. Aber das ist wahnsinnig übertrieben, denn ohne *Tuk-Tuk*s würde der chaotische Nahverkehr in Bangkok gänzlich zusammenbrechen und wäre dazu um eine Touristenattraktion ärmer.

Die *Tuk-Tuks* werden von großen Gesellschaften auf Tagesbasis an den jeweiligen Fahrer vermietet, der dann zusehen muß, wie es ihm bis zum Abend gelingt, die

Mietsumme und ein paar Baht für den Lebensunterhalt seiner Familie einzufahren. *Tuk-Tuk*s haben deshalb keine festen Standplätze, sondern kurven unentwegt durch die Gegend, um irgendwo einen Kunden zu finden.

Wenn ich gesagt habe, daß man überall in den Straßen Bangkoks *Tuk-Tuk*s sieht, dann trifft das genaugenommen nur bei schönem Wetter zu. Da kann man kaum ein paar Schritte auf dem Bürgersteig gehen, ohne daß nicht schon eines dieser rollenden Geisterhäuschen neben einem auffährt und der Fahrer mit dem fröhlichen Kampfruf "*Tuk-Tuk?*" einem seine gefälligen Dienste anbietet. Sobald der erste Regentropfen fällt, sind diese Gefährte aber wie durch einen Zauber von den Straßen verschwunden oder donnern unter Aufwerfen eines riesigen Wasserschwalls an einem vorbei. Gelingt es einem schließlich dennoch, so ein *Tuk-Tuk* zum Halten zu bringen, dann wird die Zwangssituation in der man sich, ohne Schirm im strömenden Regen stehend, befindet, schamlos ausgenutzt und der zwei- oder dreifache Fahrpreis verlangt.

Man kann natürlich mal das Pech haben, an einen Fahrer zu geraten, der gerade erst aus dem fernen Norden in Bangkok angekommen ist, seine Fahrpraxis mit einem Ochsengespann erworben hat, kein Wort englisch spricht und sich in der Riesenstadt Bangkok so gut auskennt wie man selbst in Timbuktu. Dann ist das Abenteuer vorprogrammiert. Aber dafür ist man ja in das ferne Thailand gefahren.

Ich stand einmal an der großen Straßenkreuzung vor dem Dusit Thani Hotel, wo die Rotphase manchmal 10 Minuten dauert. Zwei gewichtige Typen - der Sprache nach Australier - denen die Preise der Hoteltaxis wohl zu teuer waren, stiegen mit ihren Koffern in solch ein vor der Ampel haltendes, schwankendes Gefährt und verlangten, zum Hua-Lamphon Bahnhof gefahren zu werden. Da der Fahrer kein Wort verstanden hatte und immer nur fröhlich grinsend seine drei Worte Englisch „you want girl?" wiederholte, kramte ein Australier schließlich einen Stadtplan heraus, um ihm auf der Karte zu zeigen, wo sie hinwollten. Damit kam der arme Kerl aber nun gar nicht zurecht und blieb deshalb lieber bei seinem Angebot „you want girl?" Inzwischen hatten sich außer mir, auch eine ganze Reihe interessierter Zuschauer eingefunden, die dem Diskurs zwischen dem *Tuk-Tuk*-Fahrer und den immer nervöser werdenden *Farang*s zusahen. Denen schwante wohl langsam, daß sie ihren Zug verpassen würden. Das ging solange, bis die Ampel auf Grün schaltete, der *Tuk-Tuk*-Fahrer Gas gab und unter Hinterlassung einer schwarzen Abgaswolke mit seinen Opfern davonbrauste. Aber nicht etwa in Richtung Hauptbahnhof, wie ich als Stadtkundiger sofort sah, sondern geradewegs in Richtung Patpong, dem berühmt-berüchtigten Vergnügungsviertel Bangkoks. Die Aussis werden an diesem Abend mit Sicherheit ihren Zug nicht mehr bekommen, dafür aber vielleicht noch ein paar ungeahnt schöne Stunden in Bangkok, der Stadt der Engel, verbracht haben.

In den letzten Jahren wurden die *Tuk-Tuk*s zunehmend durch Taxis verdrängt. Typisch war allerdings auch hier, daß diese kein Taxameter besaßen, so daß man vor jeder Fahrt zunächst den Preis aushandeln mußte. Dem *Farang,* der die Entfernung zu seinem jeweiligen Ziel nicht kannte und demzufolge auch den Preis nicht abschätzen konnte, blieb nichts anderes übrig, als auf den ersten vom Taxifahrer geforderten Preis 50% zu bieten. In der Regel ging dann ein minutenlanges Handeln los, bis dem in der glühenden Sonne stehenden *Farang* die Geduld ausging und er schließlich einem überhöhten Preis zustimmte.

Das änderte sich allerdings, als vor etwa 2 Jahren plötzlich immer mehr mit Taxametern ausgerüstete Taxis auf den Straßen erschienen, bei denen der behördlich festgesetzte Fahrpreis angezeigt wurde. Da die Taxifahrer aber Thais sind, kommt es jetzt immer häufiger vor, daß das Taxameter grundsätzlich kaputt ist, wenn ein *Farang* den Wagen besteigt. Dann muß doch wieder, wie bisher üblich, der Preis ausgehandelt werden.

Die große Flut

Wer zur richtigen Jahreszeit nach Bangkok kommt und dann auch noch etwas Glück (oder Pech) hat, kann ein seltenes Schauspiel erleben: eine Millionenstadt, die innerhalb einer Stunde völlig überflutet wird. Auf seinem hoffentlich trockenen Platz in der Hotelhalle wird er sich dann vorkommen, wie auf einer Nordseehallig bei Sturmflut.

Bangkok liegt ein paar Kilometer landeinwärts im Mündungsdelta des mächtigen Chao Pya Flusses und nur wenig über dem Meeresspiegel. Millionen Liter Grundwasser werden täglich zur Versorgung der Bevölkerung abgepumpt. Davon fließt allerdings die Hälfte durch den desolaten Zustand der Versorgungsleitungen wieder in den Boden zurück. Hinzu kommen die Folgen des Baubooms der letzten 10 Jahre. Aus diesen Gründen sackt die Stadt jedes Jahr einige Zentimeter tiefer ab. Das hat dazu geführt, daß heute große Bereiche des Stadtgebiets schon keinen natürlichen Abfluß zum großen Fluß mehr haben und durch Pumpsysteme entsorgt werden müssen.
Kanäle, *Klongs* genannt, zogen sich früher einmal kreuz und quer durch das damalige „Venedig des Ostens“. Bei einsetzendem Regen dienten diese als natürliche Entwässerungskanäle. Sie wurden jedoch im Laufe der Jahre zur Gewinnung von Bauland und Straßenflächen zugeschüttet. Überdies ist das ganze riesige Stadtgebiet mit einigen hundert Quadratkilometern Oberfläche zubetoniert, so daß auch kein Regenwasser mehr im Boden versickern kann.
Wenn nun in der Regenzeit plötzlich tropische Güsse mit mehreren Dezimetern Niederschlag pro Quadratmeter herunterströmen, dann können die wenigen, in den Straßen verlegten und ohnehin meist halb verstopften Abwasserkanäle nur einen kleinen Bruchteil der Wassermassen

entsorgen. Das gleiche gilt für die völlig überforderten Pumpensysteme. Binnen kürzester Zeit stehen dann alle Straßen einige Dezimeter hoch unter Wasser, und in tiefer gelegenen Bezirken erreichen die Wasserhöhen oft sogar mehr als einen Meter.

Das ist dann also die große Flut, die jedes Jahr mehrere Male auftritt und genauso zu Bangkok gehört wie der Königspalast oder das Vergnügungsviertel Patpong. In einem grotesken Sinne hat dadurch Bangkok für einige Zeit seinen früheren Ruf als „Venedig des Ostens" wiedergewonnen. Zunächst erscheint es den Touristen mehr nur als Spaß. Man hat entweder sowieso kurze Hosen an oder zieht die Schuhe aus, krempelt sich die Hosenbeine oder den Rock hoch und watet durch das in der Nähe der meist reinlich gehaltenen Hotelumgebung auch zunächst noch relativ saubere Wasser. Die Taxis verlangen zwar mit einem Mal den doppelten oder dreifachen Fahrpreis, kurven aber weiterhin durch die knietiefen Fluten, als wenn sie Amphibienfahrzeuge wären. Etwas kritischer wird es schon für die vielen Hunderttausende, die in Bangkok mit geregelter Beschäftigung ihr Geld verdienen und zur Arbeit und abends wieder nach Hause müssen. Schnell bricht der ohnehin schon chaotische Straßenverkehr zusammen. Nur die hochrädrigen Busse halten noch einige Zeit durch, bis schließlich auch sie im Gewirr der liegengebliebenen Fahrzeuge hängen bleiben.
Der Spaß hört aber sogar für erlebnishungrige Touristen spätestens dann auf, wenn das Taxi, mit dem sie in Richtung Hotel durch die Fluten kurven, plötzlich noch ein paarmal stottert bevor der Motor gänzlich seinen Geist aufgibt, weil das Wasser inzwischen die Zündung erreicht hat. Wenn sich der Taxifahrer dann umdreht und fröhlich *„djohm nahm"* sagt, was auf gut deutsch „wir sind abgesoffen" heißt, dann bleibt einem nichts anderes übrig, als

auszusteigen und anzufangen, durch das gelegentlich hüfthohe Wasser Richtung Hotel zu waten; es sei denn, man ist versierter Brustschwimmer, dann geht es eventuell etwas einfacher und schneller. Glück hat man noch, wenn man nicht gerade mit seinem ganzen Gepäck auf dem Weg vom Flughafen ins Hotel war, sonst ist man auch noch sein eigener Packesel.

Daß man sich dabei natürlich die Hosen und Schuhe restlos ruiniert, ist noch das kleinste Übel. Viel gefährlicher sind die aufgerissenen Löcher und offenen Kanal- und Kabelschächte, mit denen Bangkoks Fußgängerwege übersät sind. Bei trockenem Wetter kann man diese Fußgängerfallen im Slalomlauf umgehen. Unter Wasser sind sie jedoch in der trüben Brühe nicht zu erkennen und so kann es einem dann passieren, daß man in solch eine Fallgrube stolpert und einem die trübe Suppe plötzlich an der Unterkante Oberlippe oder gar noch darüber steht. Bei alledem darf man noch froh sein, wenn man sich nur die Schienbeine aufgeschürft und nicht ein paar Knochen gebrochen hat.

Glücklicherweise haben sich die Verhältnisse in den letzten Jahren etwas gebessert. Während ich bei der ersten großen Flut, die ich vor 15 Jahren in Bangkok erlebte, fünfmal in ein Loch gefallen bin, sind es vor fünf Jahren nur noch zwei Löcher gewesen und beim letzten Mal, im vorigen Jahr, habe ich es gar nicht mehr geschafft, in ein Loch zu plumpsen.

Die Thais nehmen diese jährlichen Überschwemmungen ziemlich gelassen hin. In Leserbriefzuschriften wird zwar kräftig auf die unfähige Stadtverwaltung geschimpft, die jedes Jahr vor Beginn der Regenzeit versichert, dieses Jahr sei bestens dafür vorgesorgt, daß es nicht wieder so schlimm kommt wie im letzten Jahr. Tatsächlich kommt es dann aber jedesmal doch schlimmer als erwartet.

Größere Industriekomplexe in Bangkok und Umgebung sind zum Teil mit regelrechten Deichen eingezäunt worden und stehen in der großen Flut wie Halligen in der Nordsee. Auch hat man inzwischen die inneren Stadtbezirke, wo die großen Hotels, Banken, Kaufhäuser, Regierungsgebäude, Botschaften und wohlhabenderen Wohngebiete liegen, so mit Dämmen und Pumpen ausgestattet, daß es meist gelingt, nach einem Tag wieder halbwegs trockenen Fußes durch die Straßen zu gehen. Dies aber vor allem auf Kosten der Slums und Außenbezirke, in die das Wasser aus dem Stadtinneren einfach hineingepumpt wird und wo die schmutzige Brühe dann manchmal wochenlang vor sich hinfault, bevor der Schlamm von selbst austrocknet.

Ein Nebenproblem der großen Überschwemmungen ist auch, daß wegen der vielen Lecks in den Wasserleitungen die Wasserqualität in verschiedenen Vierteln so schlecht wird, daß man die aus den Hähnen laufende Brühe kaum noch zum Kochen, geschweige denn zum Trinken verwenden kann. Man muß sich dann also eine eigene kleine Trinkwasseraufbereitungsanlage zulegen oder aber Trinkwasser kaufen. Das schlägt wiederum schwer auf den Geldbeutel, weil in Bangkok, obwohl man manchmal bis zum Bauch im Wasser steht, der Liter Trinkwasser ca. 10 Baht kostet und somit teurer ist als ein Liter Benzin, das an der Tankstelle für 8 Baht zu haben ist.

Sprachprobleme

Reist man in einem fremden Land umher, so ist es immer von Vorteil, wenn man zumindest ein paar Worte der Landessprache spricht. Das gilt ganz besonders für Thailand, wo sich außerhalb Bangkoks und der Touristenzentren die Englischkenntnisse der Einheimischen oft auf ein freundliches „hey you" beschränken, das einem von jedem zweiten Knirps auf der Straße entgegengeschmettert wird.

Die paar Brocken Englisch, die alle Thais, die mit Touristen zu tun haben, sich so angeeignet haben, sind allerdings stark auf Thai gefärbt. Thais sprechen das „r" wie ein „l" aus und das „t" wie ein „s"; auch können sie nicht zwei Konsonanten hintereinander aussprechen, sie schieben immer einen Vokal dazwischen. So hört sich z.B. die Zahl „twenty" von einem Thai gesprochen wie „sewenty" an. Handelt man mit einem Straßenverkäufer, muß man also sehr genau aufpassen, was er nun meint.

Besser ist es natürlich, wenn man zumindest ein paar Worte Thai kann. Alleine schon deshalb, weil der Verkäufer oder Taxifahrer, mit dem man ja auch vor der Fahrt den Preis aushandeln muß, dann annehmen wird, daß man sich in Thailand auskennt und den geforderten Preis näher an den tatsächlich üblichen Preis heranrücken wird.

Nun ist die Thai-Sprache nicht besonders schwer zu lernen. Der Wortschatz der Umgangssprache, vor allem das, was man so als Tourist braucht, ist relativ klein und dazu ist die Grammatik wesentlich einfacher als im Deutschen. Während es bei den Verben keine unterschiedlichen Endungen gibt, macht die richtige Betonung jedem *Farang* erhebliche Probleme. Das gleiche Wort kann, je nachdem wie es betont wird, fünf oder mehr verschiedene Bedeutungen haben. Nun freuen sich die Thais immer, wenn ein *Farang* versucht, ein paar Worte in ihrer Sprache zu radebrechen und sehen auch über die Patzer, die sich aus falscher Betonung ergeben - wenn meist auch mit viel Gekicher - gerne hinweg. Manchmal fällt es einem aber dennoch schwer, sich richtig verständlich zu machen.

Ich lag eines Tages mit Amphan unter einem Sonnenschirm am Strand von Pattaya, als zur Abwechslung mal außer den Obst- und Wasserverkäufern und den Typen, die den dummen *Farang*s buntes Glas als echte Edelsteine und gelb eingefärbte Spatzen als exotische Kanarienvögel andrehen wollen, ein Junge mit einem stabilen Pferdchen den Strand entlang geritten kam, das er den Gästen für einen kleinen Rundritt anbot. Da ich der neben mir im Liegestuhl dahindösenden Amphan etwas Gutes tun wollte, sah ich schnell in meinem Taschenwörterbuch nach, was reiten und Pferd auf Thai heißt und fragte sie dann freundlich, ob sie „*kie mah*“ (*kie* = reiten, *mah* = Pferd) wollte. Worauf sie mich entrüstet fragte, ob ich noch ganz bei Trost wäre. Das Wort „*kie*“ heißt nämlich nicht nur reiten, sondern auch Dreck, Abfall oder das, was wir auf der Toilette mit der Wasserspülung in Richtung Kläranlage befördern. Hingegen heißt „*mah*“ nicht nur Pferd, sondern auch Hund. Es kommt eben ganz auf die richtige Betonung an. Und so hatte ich mein Goldstück also tatsächlich mit der freundlichen Frage aus dem Schlummer gerissen, ob sie nicht ein bißchen Hundescheiße haben möchte.

Als ein Araber einmal an einem der unzähligen Straßenrestaurants Bangkoks auf eine der in der Auslage stehenden Schüsseln deutete, die ein zwar gut riechendes, aber undefinierbares, gulaschähnliches Currygericht enthielt, wollte er sich zunächst überzeugen, ob darin auch kein für ihn als Jünger Allahs verbotenes Schweinefleisch enthalten sei. Der Thai-Verkäufer versicherte ihm mit freundlichem Grinsen, das sei *„muh“*, worauf der Araber sich an den Tisch setzte und - in der Meinung Fleisch von einem „muh“-machenden Rindvieh zu verzehren - sich die Sache schmecken ließ. Erst hinterher wurde er von einem Landsmann belehrt, daß *„muh“* auf Thai Schwein bedeutet. Allah wird ihm das Versehen sicher vergeben haben.

Aber auch mit dem Englischen kann man so seine Probleme haben, vor allem in kleinen Hotels und Gästehäusern außerhalb der Touristenzentren. Ich saß einmal in einem kleinen Hotel in Hatyai im Süden Thailands, als am Nebentisch eine schon etwas ältere Engländerin versuchte, sich zum Frühstück ein Omelett zu bestellen. Das Mädchen, das die Bestellung aufnahm, kam wohl gerade erst vom Lande und verstand kein Wort Englisch. Jedenfalls wiederholte sie mit immer verzweifelter werdendem Gesichtsausdruck das ihr völlig fremde Wort so, wie sie es verstanden hatte: „omelete, amelete, omalete“ usw. Bis plötzlich ein verstehendes Aufleuchten über ihr Gesicht ging „aha, amalite“ und sie davonschwebte. Die Engländerin wußte nicht, wie ihr geschah, als nach zwei Minuten die Perle schon wieder zurückkam und ihr mit freundlichem Lächeln eine große Flasche Amarit - das ist eines der gängigsten Thai-Biere - auf den Frühstückstisch stellte.

Wenn man aber die Thai-Sprache einigermaßen versteht, kann man auch seinen Spaß haben, da Thais normalerweise davon ausgehen, daß kein *Farang* sie versteht und dann ganz ungeniert ihre Späße über ihn machen. Als ich mir einmal in einem der großen Kaufhäuser in Bangkok eine Unterhose kaufen wollte, ging alles was auf dem Ladentisch lag nur bis Größe M. Ich versuchte also, der netten kleinen Verkäuferin klar zu machen, daß ich als *Farang* mindestens XL, besser noch XXL benötigte. Als nun das Mädchen der etwas weiter entfernt stehenden Abteilungsleiterin oder Oberverkäuferin zurief, ob sie diese Größen überhaupt hätten, rief diese zurück, sie hätten nur Unterhosen für Männer, nicht für Elefanten, worauf natürlich die ganze Clique umherstehender Verkäuferinnen in Gekicher ausbrach. Als ich dann aber der Dame in einigermaßen verständlichem Thai sagen konnte, was ich von ihrer Höflichkeit gegenüber *Farang*-Kunden hielte, schämte sie sich schier in Grund und Boden hinein und ich konnte die Stätte zwar ohne neue Unterhosen, aber doch immerhin mit dem Gefühl verlassen, einen moralischen Sieg errungen zu haben.

Schwieriger als die Sprache ist die Schrift. Das Alphabet kennt ca. 50 verschiedene Zeichen, die mit anderen uns bekannten Schriftzeichen keinerlei Ähnlichkeit haben. Die thailändische Schrift wird auch ausschließlich in Thailand und in keinem anderen Land benutzt. Im Laufe der Zeit haben viele *Farang*s, die länger in Thailand leben, gelernt, sich mehr oder weniger auf Thai zu verständigen. Ich habe aber auf meinen Reisen noch kaum einen *Farang* getroffen, der auch die Thai-Schrift beherrscht hätte.

Herzenssprache

Die Thai-Sprache kennt bei weitem nicht so viele Worte wie z. B. die deutsche oder die französische Sprache. Die Worte sind kurz, überwiegend nur einsilbig, und man bedient sich vieler Umschreibungen und Wortzusammensetzungen, die wörtlich übersetzt für unsere Ohren manchmal sehr lustig klingen. So heißt zum Beispiel das Postamt *„tie tamgahn praisanie"* was wörtlich bedeutet „dort wo die Post arbeitet". Insbesondere abstrakte Begriffe werden oft mit Wortverbindungen ausgedrückt, die das Wort ***„chai" = Herz*** enthalten. So ist ein schlechter Mensch *„chai dam"*, wörtlich „schwarzes Herz", während ein guter Mensch *„chai die"*, wörtlich „gutes Herz" ist. Sich erschrecken heißt *„tok chai"*, wörtlich „gefallenes Herz", zufrieden heißt *„por chai"*, wörtlich „genug Herz" und sich wohlfühlen heißt *„chai sabei"*, wörtlich „dem Herzen geht´s gut". So gibt es mehrere Dutzend „Herzworte". Praktisch kann man jeden auf einen Menschen bezogenen, abstrakten Begriff unter Verwendung des Wortes *„chai"* ausdrücken.

Namen und Spitznamen

Vor etwa 60 Jahren mußten durch königliches Dekret alle Thais, die bis dahin nur Vornamen kannten, einen Familiennamen annehmen. Seitdem besitzt jeder Thai, genau wie wir, einen Vornamen und einen Familiennamen. Die Vornamen sind wohlklingend z.B. für ein Mädchen „*Malie*" (Jasmin) oder für einen Jungen „*Mongkon*" (Krone). Der Name steht aber nur auf dem Personalausweis. Im täglichen Leben gebraucht kein Thai den richtigen Vornamen, sondern ausschließlich seinen Spitznamen. Das sind einsilbige Namen, die das Baby irgendwann in den ersten Wochen nach seiner Geburt von der Mutter oder den Familienmitgliedern bekommen hat und die irgendeine Beziehung zu seinem Aussehen als Baby oder zu seinem Geburtsmonat haben. Typische Spitznamen, die man immer wieder antrifft, sind *Lek* oder *Noi* (beides heißt klein), *Daeng* (rot), *Thorng* (Gold), *Ohn* (weich, zart), *Tuk* (Puppe) usw.

Oft wird aber auch der chinesische Jahreszyklus genommen. Wer im Jahr der Ratte geboren wurde, heißt dann *Nuh* (Ratte, Maus) oder wer im Jahr des Schweins geboren wurde, heißt *Muh* (Schwein). Es ist schon ein bißchen komisch, wenn man ein hübsches Mädchen immer mit Schwein anreden muß, aber man gewöhnt sich dran, es ist ja schließlich nur ein Name.

Thais gebrauchen übrigens fast nie die persönlichen Fürwörter „*khun* = du / Sie" oder „*phom* = ich" in der Anrede, sondern statt dessen den Namen (Spitznamen). So sagt ein Mädchen z.B. nicht „ich bin müde", sondern „*Noi, Lek, Daeng* u.s.w. ist müde". Eine hübsche Anrede, die für jedes junge Mädchen, z.B. die Kellnerin im Lokal paßt, ist *Nuh* = Maus, Mäuschen. Oft bezeichnen sich junge Mädchen, vor allem gegenüber älteren Leuten selbst mit dem Wort *Nuh*.

Das Essen

Die Thai-Küche ist scharf, vielleicht nicht ganz so scharf wie die indische Küche, aber doch so, daß es uns Deutschen bei den typisch thailändischen Currygerichten die Tränen in die Augen treibt. Grundlage der meisten Gerichte ist ein zu Beginn des Kochens in einem kleinen Mörser zubereitetes Gemisch aus Knoblauch, Currypaste, kleinen roten Paprikaschoten und verschiedenen Kräutern. Die im Mörser zerstoßene Paste kommt, mit etwas Öl vermischt, zuerst in die über einer offenen Flamme stehende Pfanne, den *Wong*. Anschließend werden die Zutaten Fleisch, Fisch, Nudeln usw. der Reihe nach zugegeben und geschmort.

Jeden Morgen bei Sonnenaufgang werde ich durch das monotone Klopfen geweckt, mit dem die Hausfrauen der Gehöfte in der Nachbarschaft die Zubereitung des Frühstücks und der aufs Feld mitzunehmenden Mahlzeit damit beginnen, zunächst die Currypaste im Mörser zu zerstampfen.

Natürlich gibt es im Restaurant und in den vielen Garküchen am Straßenrand auch andere Gerichte, vor allem Suppen, die nicht so scharf sind und zu denen dann ein Behälter mit den vier Grundgewürzen Essig, Zucker, Currypaste und Fischsoße auf den Tisch gestellt wird, so daß jeder nach seinem Geschmack würzen kann. Vorsicht ist jedoch anzuraten beim Essen von *Tom-Yam,* einer besonders scharfen Thai-Suppe, die es wahlweise mit Krabben, Fisch oder Huhn gibt. Die Suppe ist zwar sehr lecker und bekömmlich, man muß sich aber davor hüten beim Essen zu sprechen. Gerät einem nämlich beim Schlucken dieser scharfen Suppe auch nur ein Tröpfchen in die falsche Kehle, ist ein längerer Hustenanfall vorprogrammiert.

Wenn auch die kleinen Garküchen am Straßenrand manchmal nach unseren Begriffen nicht sehr vertrauenerweckend aussehen, so kann man doch die hier zubereiteten Mahlzeiten problemlos essen. Anders verhält es sich mit dem Eis, das häufig zusammen mit den bestellten Getränken im Glas serviert wird. Hat es geometrisch erkennbare Formen, meist Ringe, dann besteht keine Gefahr. Die Eiswürfel sind in diesem Falle aus hygienisch einwandfreiem Trinkwasser in einer Fabrik hergestellt und werden jeden Tag frisch angeliefert. Handelt es sich jedoch um unregelmäßige Brocken, die augenscheinlich von der Zertrümmerung eines größeren Eisblocks stammen, dann ist Vorsicht geboten, wenn man nicht die nächsten Tage mit Durchfall auf der Toilette verbringen will. Weder bei der Herstellung noch bei der Zerkleinerung der Eisstangen sind unseren Vorstellungen entsprechende, hygienische Verhältnisse zu erwarten. Genauso vorsichtig sollte man übrigens auch mit offenem Speiseeis sein, das von Straßenverkäufern meist in Hörnchen oder zwischen zwei Scheiben Weißbrot angeboten wird.

Zu den servierten Speisen gibt es nur Löffel und Gabel, zu Nudelsuppen auch noch Eßstäbchen. Messer werden nicht gebraucht, da alle Speisen so zerkleinert sind, daß sie bequem auf den Löffel und in den Mund passen. Der Löffel dient auch dazu, um das Essen zum Munde zu führen. Die Gabel verwendet man dagegen nur, um mundgerechte Portionen auf den Löffel zu schieben.

Stinkfrüchte

Wenn man in Thailand über einen Markt geht, so sieht man eine Menge exotischer Früchte. Einige davon gibt es auch auf unseren Märkten zu kaufen, wie Bananen, von denen in Thailand allerdings mindestens fünf im Geschmack sehr verschiedene Sorten angeboten werden oder Orangen, die meist nicht viel größer sind als bei uns die Zitronen und oft auch genauso grün. Dafür haben sie aber nur eine ganz dünne Schale und sind wesentlich süßer als unsere Apfelsinen. Eine Frucht, die es bei uns aber mit Sicherheit nicht gibt, sind Durians. Das sind etwa fußballgroße, grüne Früchte, die eine mit äußerst harten Stacheln besetzte Schale haben. Durians werden deshalb nach dem Gesetz auch als gefährliche Waffen, genau wie feststehende Messer eingeordnet, deren Anwendung bei Streitfällen und Schlägereien strafverschärfend wirkt. Das ist es aber nicht, was diesen Stachelball zur gar nicht billigen Königin der Früchte in Thailand werden läßt. Wenn man es geschafft hat, den Panzer zu öffnen, was in der Regel ein in keinem Thai-Haushalt fehlendes Hackmesser erfordert, dann sind in einzelnen Abteilungen harte, jeweils in einen dicken fleischigen Mantel eingewickelte Kerne enthalten. Das Fleisch um diese Kerne zergeht einem fast wie Speiseeis auf der Zunge. Das uns *Farang*s aber am meisten auffallende Merkmal dieser Früchte ist der impertinente Gestank. Man riecht auf dem Markt oder auf der Straße sofort, wenn man in die Nähe eines Standes mit Durians kommt, obwohl sie ihren vollen Duft erst entwickeln, wenn sie geöffnet werden. Alle besseren Hotels in Thailand weisen deshalb durch ein Schild in der Rezeption darauf hin, daß das Mitbringen von Durians ins Hotel verboten ist.

Wenn Amphan so ein Ding vom Markt anschleppt und es - vor der Haustüre bitte! - öffnet, habe ich natürlich auch schon ab und zu ein Stück probiert. Dennoch bin ich bis heute nicht in der Lage zu sagen, wie Durians wirklich schmecken, da ich mir beim Essen immer die Nase zuhalten mußte, und dabei reduziert sich ja bekanntlich der Geschmackssinn.

Hinter Gittern

Als die Gesetze unseres Landes weitgehend beachtender Europäer, werden wir kaum je in die Lage geraten ein Gefängnis von innen zu sehen. Sollte es aber durch einen bösen Zufall doch einmal dazu kommen, etwa weil man alkoholisiert einen Unfall verursacht oder das Finanzamt zu unverschämt angelogen hat, dann kann man damit rechnen, daß auch im Gefängnis zivilisierte Zustände herrschen und daß die Mühlen der Justiz nach genau festgelegten und im Zweifelsfalle immer für den Beschuldigten auszulegenden Regeln funktionieren.

Wer allerdings in Thailand das Pech hat, in die Mühlen der Justiz zu geraten, wird bald feststellen, daß sich auch hier die Verhältnisse fundamental von denen in Deutschland unterscheiden.

Da sind zunächst einmal die Anlässe, aus denen man im Gefängnis landen kann:
Die sicherste Möglichkeit ist natürlich der Besitz von oder gar der Handel mit Rauschgift. Da z.B. Heroin in Deutschland für den hundertfachen Preis verkauft werden kann, den man im „Goldenen Dreieck" dafür bezahlt, gibt es immer wieder Dumme, die auf diese vermeintliche Möglichkeit, eine schnelle Mark zu verdienen, hereinfallen und entweder auf eigene Rechnung oder im Auftrag anonymer Auftraggeber Heroin aus dem Land schmuggeln wollen. Das läuft dann meist nach dem folgenden Schema ab: Ein Händler in Chiang Mai oder Chiang Rai verkauft einem Ausländer Heroin und bekommt gutes Geld dafür. Anschließend gibt er sofort der Polizei die Beschreibung der Person oder das Kennzeichen seines Fahrzeuges an, so daß diese sich an seine Fersen heften kann. Im Hotel in

Bangkok oder aber bei der Gepäckkontrolle auf dem Flughafen schlägt dann die Polizei zu. Der den Tip gebende Verkäufer bekommt eine Belohnung und die Polizei kann im Kampf gegen den Rauschgifthandel wieder Erfolge melden, was wiederum von der in Thailand stark vertretenen amerikanischen Rauschgiftbehörde entsprechend belohnt wird. Das beschlagnahmte Heroin geht wahrscheinlich wieder an seinen Herkunftsort zurück, um den nächsten dummen Ausländer damit reinzulegen. Der verhaftete Heroinschmuggler muß hingegen mit der ganzen Strenge der thailändischen Gesetze rechnen, die für das Schmuggeln von Rauschgift schwere Gefängnisstrafen bis zu lebenslänglich und sogar die Todesstrafe vorsehen. Im günstigsten Falle wird der Sünder mit mehreren Jahren in thailändischen Gefängnissen, das heißt in der Hölle, davonkommen. Das aber nur, wenn seine Familie in der Lage ist, die immensen Summen aufzubringen, die für die Bezahlung zweifelhafter Anwälte und das Schmieren der zuständigen Leute erforderlich sind.

Nun wird sich jeder vernünftige Tourist hüten, sich auf solch ein gefährliches Spiel einzulassen. Dennoch kann es auch ihm passieren, daß er für kleine Vergehen, die bei uns höchstens eine Anzeige mit Bußgeld zur Folge hätten, plötzlich im Gefängnis landet und eine Menge Zeit und Geld braucht, um wieder herauszukommen.
Wenn er z.B. mit einem gemieteten Motorrad einen Unfall baut, bei dem ein Thai schwerer verletzt oder gar getötet wird, kommt er ohne Rücksicht auf die Schuldfrage erst einmal ins nächste Polizeigefängnis.
Wird er in eine Schlägerei verwickelt, hat er ebenfalls gute Aussichten, ungeachtet der Schuldfrage erst einmal hinter Gittern zu landen und nicht vor Zahlung einer saftigen Geldstrafe herauszukommen.

Eine weitere Möglichkeit, mit dem Gesetz in Konflikt zu geraten ist das in Thailand verbotene Glücksspiel oder das Spiel um Geld. Es ist schon vorgekommen, das einige *Farang*s an einem schönen Samstag nachmittag vor einer offenen Bar sitzend, mit den Barmädchen auf der Theke Domino gespielt haben, das Spiel um 5 Baht (30 Pfennig). Plötzlich hat sich ein ebenfalls an der Theke sitzender Thai als Polizist ausgewiesen und die ganze Truppe, Barmädchen und *Farang*s wanderte ins Polizeigefängnis. Da es Samstag war, mußten sie zwei Tage dort sitzen, bis am Montag der Schnellrichter kam und sie zu saftigen Geldstrafen verurteilte. Die Mädchen kamen mit 1.000 Baht pro Kopf davon, die *Farang*s zahlten ein Mehrfaches dieses Betrages - ein teures Dominospiel!

Thailändische Gefängnisse sind nun nicht mit deutschen Haftanstalten zu vergleichen. Örtliche Polizeigefängnisse bestehen meist aus mehreren Zellen zu je ca. 10 m^2 , die beidseits eines langen Ganges angeordnet sind. Der Boden ist betoniert, in der Ecke befindet sich eine meist verstopfte Toilette. Die Zellen sind gewöhnlich hoffnungslos überfüllt, da nicht nur die kleinen Missetäter dort ihre paar Tage absitzen, sondern auch alle Mörder, Diebe, Rauschgiftschmuggler usw. dort so lange in Gewahrsam genommen werden, bis sie ins Bezirksgefängnis oder nach Bangkok zur Verhandlung abtransportiert werden. Schlafen kann man oft nur im Sitzen. Findet man wirklich Platz zum Liegen, hat man entweder die ungewaschenen Füße des Nachbarn im Gesicht oder dient gleichzeitig als Kopfkissen für mehrere Mitbewohner. Es stinkt natürlich erbärmlich und ist dazu noch unerträglich heiß. Zu essen gibt es zweimal täglich eine Handvoll Reis mit etwas Fleisch und Gemüse auf einem alten Stück Zeitungspapier serviert. Kurz, wer einmal ein paar Tage in solch einem

Hotel verbracht hat, wird jede aufzubringende Summe zahlen, um es schnellstens wieder verlassen zu können.

Über die Verhältnisse in den regelrechten Straflagern, in die rechtskräftig Verurteilte verlegt werden, sind schon einige Erzählungen erschienen, die - mit Ausnahme der Selektionen für die Gasöfen - sich nicht sehr von den Berichten über die Zustände in deutschen KZs unterscheiden. Allerdings ist es auch hier wie überall in Thailand möglich, die Standardbedingungen durch entsprechende Zahlungen an das Wachpersonal stark zu verbessern. Das setzt natürlich voraus, daß jemand außerhalb des Gefängnisses bereit und in der Lage ist, die nötigen Mittel aufzubringen.

Tabus

Beim bisher Erzählten habe ich nun schon über eine ganze Reihe von Dingen berichtet, die man besser unterlassen sollte, wenn man die Thais nicht verletzen oder bei ihnen nicht als unhöflicher Mensch gelten will. Da ich aber sicherlich manches noch nicht erwähnt habe, hier noch einige Tabus, von denen ich aus Erfahrung weiß, daß sie von den Thais wirklich als wichtig angesehen werden:
Man sollte niemals über einen anderen hinwegschreiten. Selbst wenn die Thais, wie üblich, irgendwo in Gruppen auf dem Boden sitzen und einem den Weg versperren, bittet man höflich darum, den Durchgang frei zu machen und steigt nicht einfach mit seinen langen Beinen über die Köpfe der auf dem Boden Lagernden hinweg.
Bei mir in der Wohnung lag eines Tages eine ganze Gruppe Kinder und auch Erwachsene aus der Familie und der Nachbarschaft auf dem Boden vor dem Fernseher und sah irgendeine spannende Geisterstory. Ich hatte auf dem Bett gelegen, etwas gelesen und wollte aus dem Raum gehen. Da mir die Besucher den Weg zur Tür versperrten und ich sie in ihrer spannenden Unterhaltung nicht stören wollte, stieg ich vorsichtig über sie hinweg. Darauf erhob sich ein fürchterliches Geschrei, dessen Ursache ich mir zunächst gar nicht erklären konnte. Schließlich machte mir Amphan klar, daß es nicht nur unhöflich ist, sondern auch Unglück bringt, wenn man mit dem niedrigsten Körperteil, den Füßen, über die Köpfe anderer Menschen hinwegsteigt. Tragen diese dann womöglich noch ein geweihtes Buddha-Amulett um den Hals, über das man dabei ja ebenfalls mit den Füßen hinwegstieg, so ist der Fauxpas um so schwerwiegender.
Die Füße sind überhaupt mit Vorsicht zu gebrauchen: Geht man in einen Tempel, so hockt man sich dem

Buddha-Standbild gegenüber auf den Boden, aber stets so, daß die Füße von Buddha weg zeigen.

In jedem Reiseführer steht, daß man sich in einem Tempel anständig benehmen und auch nicht in kurzen Hosen oder durchsichtigen Blusen vor Buddha treten sollte. Eigentlich Selbstverständlichkeiten. Ansonsten kann man aber getrost in jeden Tempel gehen und alles, was einem gefällt, fotografieren, mit Ausnahme des Smaragd-Buddha im *Wat Prah-Kheo,* dem thailändischen Nationalheiligtum. Die Thais lassen sich in ihrer Andacht und ihren Gebeten nicht stören, zumindest solange man keinen Blödsinn mit dem Buddha-Standbild treibt. Trotzdem sollte man beim Fotografieren von Personen etwas zurückhaltend sein, da viele Thais noch glauben, daß mit jedem Foto auch ein kleines Stückchen ihrer Seele weggenommen, d.h. dem rechtmäßigen Eigentümer entzogen wird.

Auch dem unbedarftesten Touristen dürfte klar sein, daß man sich die Schuhe auszieht, bevor man in einen Buddha-Tempel eintritt. Grundsätzlich ist es aber auch wichtig, daß man immer, bevor man in ein Haus eintritt, die Schuhe auszieht. Und das nicht nur, damit man den Boden nicht schmutzig macht, sondern weil es ganz einfach eine Beleidigung der Bewohner ist, mit Schuhen in ein Haus einzutreten. Man gibt damit zu erkennen, daß man das Haus nicht mehr achtet als einen Stall, wo man ja auch die Schuhe nicht auszuziehen braucht, wenn man hineingeht.

Schluß

In diesen kleinen Geschichten habe ich versucht, einige Aspekte aus dem Leben der Thais aufzuzeigen, die dem unvorbereiteten Touristen entweder entgehen oder die leicht mißverstanden werden, was zu einer falschen Anschauung über Land und Leute führen könnte. Dem Leser dieses Buches soll es leichter fallen, dieses Land und seine Bewohner zu verstehen, bald wiederzukommen und beim nächsten Mal vielleicht besser auf einige Dinge zu achten, die für jeden Thai selbstverständlich sind, für den ahnungslosen *Farang* aber nicht.

Dem Reisenden sollte vom ersten Tag an klar sein, daß er hier zu Besuch ist und daß es falsch wäre, zu erwarten, daß die Menschen sich so wie in Deutschland benehmen oder gar die gleichen Wertvorstellungen haben. Natürlich gibt es, vor allem in Bangkok, viele Dinge, die wir anstößig oder gar abstoßend finden. Der Schmutz in den Straßen, die Überflutungen, die nicht besonders einladenden Toiletten in kleinen Restaurants und vielleicht auch die Hühnerpfote, die in der bestellten Suppe schwimmt. Aber schließlich empfinden auch die Thais die meisten dieser Dinge nicht als zufriedenstellend (mit Ausnahme der Hühnerpfote in der Suppe). Sie gestehen aber anderen immer zu, auf ihre Art zu leben und kümmern sich wenig um Dinge, die sie nicht direkt betreffen. Und schließlich ist Bangkok zwar die Hauptstadt, aber noch lange nicht das ganze, ja nicht einmal das echte, liebenswerte Thailand.

Wer als Besucher nach Thailand kommt und erwartet, dort alles so vorzufinden wie in Deutschland, einschließlich Kotelett und Bratkartoffeln zum Mittagessen, der sollte besser zu Hause bleiben. Wer aber einmal andere

Welten sehen und erleben will und dabei bemüht ist, die so ganz andere Lebensweise der dort lebenden Menschen zu verstehen, der wird sich in Thailand wohlfühlen und immer wieder gerne zurückkommen.

Viele vom automatisierten und gefühlsarmen Leben in den Industrieländern abgestoßene Besucher kommen nach Thailand, weil sie hoffen, hier unverbildete Menschen anzutreffen, die noch ihre natürlichen Gefühle ausleben können. Das Paradoxe ist, daß genau diese Besucher dann aber darüber klagen, daß die Lebensumstände zu primitiv und die Menschen zu faul oder zu dumm seien, um sich unseren deutschen Vorstellungen von Ordnung, Moral und Umweltbewußtsein anzupassen.

Ganz unangebracht wäre es aber, den Thais, die ein sehr ausgeprägtes Ehrgefühl haben, klar machen zu wollen, daß ihre Lebensweise falsch oder ihr Benehmen schlechter als das der *Farang*s wäre. „Nobody is perfect!“ - das gilt für Personen wie für Völker, aber die Thais in ihrer Gesamtheit sind sicher nicht unvollkommener und mindestens enenso liebenswert wie nur irgendein anderes Volk auf dieser Welt. Allein die Tatsache, daß sie es durch ihre pragmatische und allen Ereignissen weitgehend mit Gelassenheit begegnende Art geschafft haben, in dieser unruhigen und in den letzten Jahrzehnten von zerstörerischen Kriegen heimgesuchten Weltgegend auf einer Insel des Friedens zu leben, sollte uns zu denken geben, wenn wir als Besucher und Gäste hier und da geneigt sind, über manche Aspekte in diesem Lande die Nase zu rümpfen.

Wer sich aber etwas mehr mit den Menschen in Thailand und ihren Lebensverhältnissen beschäftigen möchte oder als Europäer etwa mit einer Thai-Frau zusammenleben will, dem werden diese kleinen Geschichten vielleicht helfen, die Thais bzw. seine auserwählte Lebenspartnerin besser zu verstehen und manche Fehler zu vermeiden, die letztlich beiden das Zusammenleben nur erschweren.

Wenn ich es recht bedenke, so sind es vielleicht gerade die kleinen und auch größeren Schwächen der Thais, die sie so liebenswert machen. Dies nicht zuletzt deswegen, weil sie selbst immer bereit sind, mit einem freundlichen Lächeln über das für sie oft unverständliche und unsinnige Benehmen der *Farang*s hinwegzusehen.